Σ BEST
シグマベスト

最高水準
問題集

中学英語リスニング

佐藤誠司　著

文英堂

本書のねらい

▶みなさんは，"定期テストでよい成績をとりたい"とか，"希望する高校に合格したい"と考えて毎日勉強していることでしょう。そのためには，**どんな問題でも解ける最高レベルの実力**を身につける必要があります。では，どうしたらそのような実力がつくのでしょうか。それには，よい問題に数多くあたって，自分の力で解くことが大切です。

▶この問題集は，最高レベルの実力をつけたいという中学生のみなさんの願いに応えられるように，次の３つのことをねらいにしてつくりました。

1	出題形式・内容ごとに自分の弱点が確かめられるようにする。
2	おさえておかなければならない内容をきめ細かく分析し，問題を１問１問練りあげる。
3	最高レベルの良問を数多く収録し，より広い見方や深い考え方の訓練ができるようにする。

▶この問題集を大いに活用して，どんな問題にぶつかっても対応できる最高レベルの実力を身につけてください。

本書の特色と使用法

① すべての章を「標準問題」→「最高水準問題」で構成し，段階的に無理なく問題を解いていくことができる。

▶本書は，「標準」と「最高水準」の２段階の問題を解いていくことで，各章の学習内容を確実に理解し，無理なく最高レベルの実力を身につけることができるようにしてあります。
▶本書全体での「標準問題」と「最高水準問題」それぞれの問題数は次のとおりです。

標 準 問 題 ……58題　　　最 高 水 準 問 題 ……26題

豊富な問題を解いて，最高レベルの実力を身につけましょう。
▶さらに，学習内容の理解度をはかるために，章ごとに「**実力テスト**」を設けてあります。ここで学習の成果と自分の実力を診断しましょう。

②　「標準問題」で，各章の学習内容を確実におさえているかが確認できる。

▶「標準問題」は，各章の学習内容のポイントを1つ1つおさえられるようにしてある問題です。1問1問確実に解いていきましょう。

▶どんな難問を解く力も，基礎学力を着実に積み重ねていくことによって身についてくるものです。まず，「標準問題」を順を追って解いていき，基礎を固めましょう。

▶その章の学習内容として絶対におさえておくべき重要な問題に重要のマークをつけています。じっくり取り組んで，解答の導き方を確実に理解しましょう。

③　「最高水準問題」は各章の最高レベルの問題で，最高レベルの実力が身につく。

▶「最高水準問題」は，各章の最高レベルの問題です。総合的で，幅広い見方や，問題への取り組み方が身につくように，難問・奇問ではなく，各章で勉強する基礎的な事項を応用・発展させた質の高い問題を集めました。

▶特に難しい問題には，難マークをつけて，解答でくわしく解説しました。

④　「標準問題」にある〈ガイド〉で，基礎知識を押さえたり適切な解き方を確認したりすることができる。

▶「標準問題」には，ガイドをつけ，学習内容の要点や注意すべきポイントなどを示しました。これを問題を解くための糸口として，また，解法を学ぶ手段として活用してください。

⑤　くわしい〈解説〉つきの別冊解答。どんな難しい問題でも解き方が必ずわかる。

▶別冊の「解答と解説」には，各問題のくわしい解説があります。答えだけでなく，解説もじっくり読みましょう。

▶解説には得点アップを設け，知っているとためになる知識や高校入試で問われるような情報などを満載しました。

もくじ

7 記述問題

別冊 解答と解説

⚠ 問題の「英語音声」は，すべて各章のタイトル部分にある QR コードから，スマートフォンやタブレットを使ってお聞きいただけます。

001

【音声の利用方法】

以下の方法で，簡単に再生することができます。

1．紙面の QR コードを，スマートフォンやタブレットで読みとります。

2．表示される URL にアクセスすると，プレーヤーの画面が表示されます。

3．タップして再生を開始してください。

●音声は無料でご利用いただけますが，通信料金はお客様のご負担となります。●すべての機器での動作を保証するものではありません。●やむを得ずサービス内容に予告なく変更が生じる場合があります。●QR コードは㈱デンソーウェーブの登録商標です。

1 短い会話を使った問題

標 準 問 題 ── （解答）別冊 p.2

重要 **001** ①〜③の英文とそれに続く質問を聞き，最も適切な答えを選びなさい。英文と質問は2回読まれます。

(東京・明星高)

① ア one 　　　　　　 イ two 　　　　　　 ウ three 　　　　　 エ eleven
② ア He watched the basketball game. 　　 イ He cooked dinner.
　 ウ He washed the dishes. 　　　　　　　 エ He cleaned the classroom.
③ ア Go home. 　　　　　　　　　　　　　 イ Go to see the man.
　 ウ Take a train. 　　　　　　　　　　　 エ Wait for the man.

①（　　）　②（　　）　③（　　）

002 ①〜⑤の会話とそれに続く質問を聞き，最も適切な答えを選びなさい。会話と質問は2回読まれます。

(栃木・作新学院高)

① ア Twice. 　　　　　　　　　　　　　　 イ Three times.
　 ウ Four times. 　　　　　　　　　　　　 エ Five times.
② ア They are watching a cooking show. 　 イ They are cooking something.
　 ウ They are having a meal. 　　　　　　 エ They are shopping at a store.
③ ア This Monday. 　　　　　　　　　　　 イ This Tuesday.
　 ウ This Saturday. 　　　　　　　　　　 エ This Sunday.
④ ア A red bag. 　　　　　　　　　　　　 イ A white bag.
　 ウ A black bag. 　　　　　　　　　　　 エ A white and black bag.
⑤ ア She found it in her neighborhood.
　 イ She received it from a woman she first met.
　 ウ She was given it by her friend.
　 エ She got it in a neighborhood pet shop.

①（　　）　②（　　）　③（　　）　④（　　）　⑤（　　）

003 ①～③の会話とそれに続く質問を聞き，最も適切な答えを選びなさい。会話と質問は2回読まれます。 (大阪星光学院高)

① ア He has his heater on.
　 イ He is making too much noise.
　 ウ He has to finish his homework.
　 エ He should remember to close the door.

② ア The ticket was a birthday present.　　イ The concert was short.
　 ウ He went there with his brother.　　エ He sat close to the stage.

③ ア There's no time to prepare for it.
　 イ He doesn't know her grandfather.
　 ウ The topic she chose sounds difficult.
　 エ Nobody will be interested in her topic.

① (　　　) 　② (　　　) 　③ (　　　)

重要 004 ①・②の会話を聞き，それぞれの質問の答えとして最も適切なものを選びなさい。会話は2回読まれます。 (東京・成蹊高)

① How much will the man pay?
　 ア 1,400 yen　　イ 2,000 yen　　ウ 2,400 yen

② What time will the plane arrive in Hawaii?
　 ア 2:30 p.m.　　イ 3:00 p.m.　　ウ 3:30 p.m.

① (　　　) 　② (　　　)

005 ①～④の会話とそれに続く質問を聞き，最も適切な答えを選びなさい。会話と質問は2回読まれます。 (福岡・西南女学院高)

① ア 50 dollars　　イ 100 dollars　　ウ 150 dollars　　エ 200 dollars
② ア 5 people　　イ 6 people　　ウ 7 people　　エ 8 people
③ ア An actor and an audience　　　　イ A dentist and a patient
　 ウ A florist and a customer　　　　エ A photographer and a baseball player
④ ア On a bus　　イ On a train　　ウ In a taxi　　エ In a hotel

① (　　　) 　② (　　　) 　③ (　　　) 　④ (　　　)

ガイド 004 のように数字を含む会話や文章はよく出題されるので，大きな数字や時刻，日付などの読み方に慣れておこう。

🎧 音声はp.6のQRコードからアクセスできます。

006 ①〜⑤の会話とそれに続く質問を聞き，最も適切な答えを選びなさい。会話と質問は 2 回読まれます。

(栃木・作新学院高)

① ア It's important to use a dictionary.

　イ It's important to read a difficult book.

　ウ It's important to read without a dictionary.

　エ It's important to make people happy.

② ア $12.　イ $14.　ウ $20.　エ $40.

③ ア They will call the police.　　　　イ They will go to buy a key.

　ウ They will wash the car.　　　　　エ They will go back to the car.

④ ア He has a stomachache.　　　　　イ He has a cold.

　ウ He has a toothache.　　　　　　エ He has an accident.

⑤ ア She is going to call again.　　　　イ She is going to leave a message.

　ウ She is going to go to a bookstore.　エ She is going to take a message.

①（　　　）　②（　　　）　③（　　　）　④（　　　）　⑤（　　　）

重要 007 ①〜④の会話とそれに続く質問を聞き，最も適切な答えを選びなさい。会話と質問は 2 回読まれます。

(茨城・常総学院高)

① ア He is going to eat a sandwich and a salad.

　イ He is going to eat a sandwich and pizza.

　ウ He is going to eat spaghetti and a salad.

　エ He is going to eat spaghetti and pizza.

② ア Some dogs.　　　イ Some birds.

　ウ Some fish.　　　エ Nothing.

③ ア Ten minutes.　　　イ Fifteen minutes.

　ウ Twenty minutes.　エ Twenty-five minutes.

④ ア He will play basketball with his friends at the park.

　イ He will go to an amusement park with his family.

　ウ He will help his father with his work.

　エ He will tell Saki about his plans for next Sunday.

①（　　　）　②（　　　）　③（　　　）　④（　　　）

008 ①～③の会話とそれに続く質問を聞き，最も適切な答えを選びなさい。会話と質問は2回読まれます。 (北海道・函館ラ・サール高)

① ア The car doesn't fit in the parking lot.
　 イ He enjoys taking the bus recently.
　 ウ There is something wrong with his car.
　 エ His wife needs to drive the car.

② ア To help him pack for a business trip.
　 イ To lock his door for 2 weeks.
　 ウ To feed his fish.
　 エ To pick up his mail from his mailbox.

③ ア To copy a newspaper.　イ To read the news online.
　 ウ To ask Tom.　エ To buy a newspaper for his students.

① (　　　) ② (　　　) ③ (　　　)

重要 009 ①～⑤の会話を聞き，それぞれの質問の答えとして最も適切なものを選びなさい。英文は1回だけ読まれます。 (東京・錦城高)

① What are the speakers talking about?
　 ア The man's lost smartphone.　イ The man's lost umbrella.
　 ウ The weather.　エ The picnic.

② What will Yoko do after this conversation?
　 ア She will do her homework.　イ She will prepare the dinner.
　 ウ She will finish the dinner.　エ She will go back home soon.

③ How many tickets should Kyoko buy?
　 ア 1　　　　　 イ 2　　　　　 ウ 3　　　　　 エ 4

④ What are they going to do?
　 ア They are going to visit Kinjo High School.
　 イ They are going to try to find another school online.
　 ウ They are going to enjoy the festival on the Internet.
　 エ They are going to cancel the tickets for the festival.

⑤ What will John probably do?
　 ア He will be a member of the soccer club.
　 イ He will meet a girl who is a manager of the soccer club.
　 ウ He will belong to a culture club.
　 エ He will give up playing in the sports club.

① (　　　) ② (　　　) ③ (　　　) ④ (　　　) ⑤ (　　　)

🎧 音声はp.6のQRコードからアクセスできます。

010 〉 ①〜④の会話を聞き，それぞれの質問の答えとして最も適切なものを選びなさい。会話は1回だけ読まれます。

(神奈川・法政大第二高)

① ⑴ What is the woman's bag like?

ア It's small, square and pink. イ It's small, round and pink.

ウ It's small, square and white. エ It's small, round and white.

⑵ Where is the woman's bag?

ア on the sofa in the bedroom イ on the table in the bedroom

ウ on the sofa in the living room エ on the table in the living room

② ⑴ Which country's team shirt will the man buy?

ア Spain イ Italy ウ France エ Germany

⑵ Which one is true?

ア The man wants something for his daughter.

イ The man will buy a T-shirt for himself.

ウ The man's son is a big soccer fan.

エ The man's son has no T-shirts of soccer teams.

③ ⑴ Why is Miki calling Tom?

ア to give him some advice イ to show him the classroom

ウ to remind him of the next class エ to ask him for help

⑵ What will Miki do before she meets Tom?

ア clean her classroom イ give a speech

ウ have a break エ listen to his advice

④ ⑴ When will the man take a vacation?

ア in June イ in July ウ in August エ in September

⑵ What did the woman NOT do in Osaka?

ア go to an amusement park イ go to her friend's house

ウ enjoy shopping エ take photos

①⑴ (　　) ⑵ (　　)　②⑴ (　　) ⑵ (　　)

③⑴ (　　) ⑵ (　　)　④⑴ (　　) ⑵ (　　)

最｜高｜水｜準｜問｜題 ———————————————————— 解答 別冊 p.13

011 ①～③の会話とそれに続く質問を聞き，最も適切な答えを選びなさい。会話と質問は 2 回読まれます。
(北海道・函館ラ・サール高)

① ア Haneda.　　　　　イ Keisei-Takasago.
　 ウ Narita.　　　　　エ Aoto.
② ア Leave with Linda.　　イ Leave Linda's purse.
　 ウ Steal Linda's purse.　エ Call Linda.
③ ア She was hoping to have steak.　イ She doesn't want to wait in line.
　 ウ The line is going too quickly.　エ The restaurant is big.

①（　　）　②（　　）　③（　　）

012 ①～⑤の会話とそれに続いて読まれる質問を聞き，最も適切な答えを選びなさい。会話と質問は 1 回だけ読まれます。
(東京・桐朋高)

① ア In the restaurant.　　イ In the gym.
　 ウ In the classroom.　　エ In the library.
② ア It's his turn to do it.　　イ Karen did it twice already.
　 ウ Karen has to study for the exam.　エ He promised to do it twice.
③ ア All right. That will be nine dollars.
　 イ All right. The movie will be starting soon.
　 ウ Sure. I'm glad you enjoyed the show.
　 エ Sure. I hope you can have the ticket.
④ ア The restaurant closes at 8:00.
　 イ The non-smoking tables are not available all day.
　 ウ The man wants to have more time to eat.
　 エ Some of the man's friends want to smoke in the restaurant.
⑤ ア At 3:00.　イ At 3:30.　ウ At 4:00.　エ At 4:30.

①（　　）　②（　　）　③（　　）　④（　　）　⑤（　　）

第 1 回 実力テスト

 音声を聞く
スマートフォンで
アクセスしよう

002

得点 ／100

Ⓕ 目標 80 点

▶解答→別冊 p.15

1 ①～⑧の会話を聞き，それぞれの質問の答えとして最も適切なものを選びなさい。会話は 1
回だけ読まれます。 （神奈川・日本女子大附高） （各 7 点，計 56 点）

① What will Tom do next?

ア Finish reading the report.　イ Find books on the environment.

ウ Sell the books.　エ Solve the environmental problem.

② Why is Nancy late?

ア She is caught in traffic.　イ She had a cold.

ウ She is waiting for Tom.　エ She drove back home.

③ How did Nancy get to school today?

ア She rode a car.　イ She took a train.

ウ She walked.　エ She used a bike.

④ Why doesn't Tom agree to have lunch in the new cafeteria with Nancy?

ア The food is not so good.　イ The cafeteria is expensive.

ウ He doesn't have his lunch.　エ He has a meeting at lunch time.

⑤ What sandwich does the man want?

ア A toasted chicken sandwich with cheese and onions.

イ A chicken sandwich with cheese and tuna.

ウ A toasted chicken sandwich with cheese and tomato.

エ A chicken sandwich with cheese and onions.

⑥ What is the woman doing?

ア Visiting the university.　イ Looking for a new home.

ウ Taking a dog to the park.　エ Walking on Main Street.

⑦ Who made the apple cake for Tom?

ア Nancy.　イ Nancy's grandmother.

ウ Nancy's brother.　エ Nancy and her brother.

⑧ Where are they?

ア In a plane.　イ In a car.

ウ In a movie theater.　エ In a restaurant.

① (　　) ② (　　) ③ (　　) ④ (　　)

⑤ (　　) ⑥ (　　) ⑦ (　　) ⑧ (　　)

2 ①～⑤の会話とそれに続く質問を聞き，最も適切な答えを選びなさい。会話と質問は1回だけ読まれます。

(東京・中央大高) (①～③各8点, ④, ⑤各10点, 計44点)

① ア $5 イ $15 ウ $10 エ $20

② ア He is her teacher. イ She was his student.

ウ He is her principal now. エ She was his teacher.

③ ア They will play in the morning.

イ They will play in the afternoon.

ウ They will go to the theater in the morning.

エ They will go to the theater in the afternoon.

④ ア Somebody took his money. イ His wallet is missing.

ウ He picked up the wrong wallet. エ He spent all his money.

⑤ ア Green > Blue > Red イ Red > Green > Blue

ウ Green > Red > Blue エ Blue > Green > Red

①（　　　）②（　　　）③（　　　）④（　　　）⑤（　　　）

2 適切な応答を選ぶ問題

標 準 問 題 ——————————————————————————————— 解答 別冊 p.18

重要 013 ①～④の会話を聞き，それぞれの最後の発言に対する応答として最も適切なものを選びなさ
い。会話は2回読まれます。 (福岡・西南女学院高)

① ア Some time later. イ When I was 15 years old.
　 ウ It was today.

② ア I will eat here. イ I went shopping.
　 ウ No, that's all.　Thank you.

③ ア I'm OK, thank you. イ I'll do it tomorrow.
　 ウ I'd like to do it.

④ ア It's yesterday. イ I crashed into a wall.
　 ウ The truck ran there.

①（　　　）　②（　　　）　③（　　　）　④（　　　）

重要 014 ①～⑥の会話を聞き，それぞれの最後の発言に対する応答として最も適切なものを選びなさ
い。会話は2回読まれます。 (奈良・帝塚山高)

① ア In front of the station. イ At 7:45.
　 ウ 750 yen. エ About 50 minutes.

② ア Yes, it is. イ Sure, let me see it.
　 ウ I have a check. エ It's in 10 minutes.

③ ア Yes, it's delicious. イ No, I can't help you.
　 ウ Can you watch these? エ What should I make?

④ ア How about pizza? イ That sounds good.
　 ウ I want to go now. エ I don't want it.

⑤ ア Wow, that's great. イ I want to go there.
　 ウ Yes, I went two years ago. エ In Sapporo.

⑥ ア They are size 26. イ They are 20% off.
　 ウ Only $75. エ Sure.

①（　　　）　②（　　　）　③（　　　）　④（　　　）　⑤（　　　）　⑥（　　　）

015 ①〜④の会話を聞き，それぞれの最後の発言の応答として最も適切なものを選びなさい。会話は1回だけ読まれます。 (千葉日本大第一高)

① ア I understand.　　　　　　　イ I've already sent it to you.
　 ウ I don't have any letters.　　エ It's right across the street.

② ア You're welcome.　　　　　　イ That's too bad.
　 ウ No problem.　　　　　　　　エ No, it's mine.

③ ア You should ask Dan.　　　　イ I should bring potato chips.
　 ウ He brought it yesterday.　　エ He should buy some food.

④ ア I don't think so.　　　　　　イ At Shin-Yokohama station.
　 ウ It's in front of the station.　エ I'll get off at the next station.

　　　　　　　　① (　　　) ② (　　　) ③ (　　　) ④ (　　　)

016 ①〜⑤の英文を聞き，それぞれに対する応答として最も適切なものを選びなさい。英文は1回だけ読まれます。 (東京・中央大高)

① ア The teacher said it would be next week.
　 イ Yes, I got a bad score.
　 ウ I have to study hard for the test.
　 エ You will get your test results today.

② ア She looks very upset.　　　　イ She had a fight with Bobby.
　 ウ Because she is happy.　　　　エ I think she is crying.

③ ア For one hour.　　　　　　　　イ Monday to Friday.
　 ウ It depends on the day.　　　　エ The store is closed.

④ ア No, she's my older sister.
　 イ I don't have any sisters.
　 ウ All of my family members were here before.
　 エ I have two brothers and one sister.

⑤ ア I brought an umbrella, of course.　イ It won't be sunny.
　 ウ Maybe it will rain.　　　　　　　エ I'll probably stay inside.

　　　　① (　　　) ② (　　　) ③ (　　　) ④ (　　　) ⑤ (　　　)

017 ①〜⑩の問いかけに続いて，それぞれ a〜c の3種類の応答が流れます。その中から最も適切なものを選びなさい。問いかけと応答は1回だけ読まれます。 (神奈川・日本女子大附高)

　　　　① (　　　) ② (　　　) ③ (　　　) ④ (　　　) ⑤ (　　　)
　　　　⑥ (　　　) ⑦ (　　　) ⑧ (　　　) ⑨ (　　　) ⑩ (　　　)

ガイド　道案内，買い物，レストランなど，会話がどんな場所と状況で行われているかを素早くつかむことも大切。May I help you? などの定型表現を覚えておこう。

🎧 音声はp.14のQRコードからアクセスできます。

最 高 水 準 問 題 ——————————————————————— 解答 別冊 p.22

難 018 ①〜⑤の会話を聞き，最後の発言に続く応答として最も適切なものを選びなさい。会話は1回だけ読まれます。

(東京・中央大杉並高)

① ア Don't worry about my friends.
　 イ Of course. It will be fun.
　 ウ It is your brother's birthday.
　 エ I'm afraid there will be no party.

② ア Oh, wait. I'll come with you.
　 イ I don't want you to use my car.
　 ウ Yes, but I have enough food.
　 エ No, I don't want to drive.

③ ア I don't have a name list.
　 イ She is not a new member.
　 ウ How do you spell it?
　 エ Is that her first name?

④ ア I will visit my cousin in San Francisco.
　 イ We are going camping with my uncle's family.
　 ウ My grandparents came to visit us from Texas.
　 エ I don't know yet. Some of my parents' friends.

⑤ ア Do you like the Harry Potter series?
　 イ Oh, I'm not a very good cook.
　 ウ How about a cook book, then?
　 エ I bought a travel bag.

① (　　　)　② (　　　)　③ (　　　)　④ (　　　)　⑤ (　　　)

019 ①〜⑤の会話を聞き，それぞれの最後の発言に対する応答として最も適切なものを選びなさい。会話は 2 回読まれます。

(栃木・作新学院高)

① ア　You are welcome. Dave is fine.

　 イ　Yes, you can. Dave is on the phone.

　 ウ　I'm sorry, but Dave is in now.

　 エ　OK. Hold on a minute.

② ア　Oh, you've got a dog!

　 イ　Ah, you have a colorful fish!

　 ウ　Wow! A beautiful bird.

　 エ　You've got the same kind of cat as mine!

③ ア　I think it was held yesterday.

　 イ　You can't send e-mails at the meeting room.

　 ウ　Wait a minute. I'll check.

　 エ　I would like to attend the meeting.

④ ア　I got it.

　 イ　You are welcome.

　 ウ　That's all. Thank you.

　 エ　I agree with you.

⑤ ア　He taught French in Japan.

　 イ　He will move to England.

　 ウ　He traveled to New York.

　 エ　I hear that he's Canadian.

①（　　　）　②（　　　）　③（　　　）　④（　　　）　⑤（　　　）

1 ①～③の発言を聞き，それぞれの発言に対する返答として最も適切なものを選びなさい。英
文は 2 回読まれます。 （東京・駒澤大高） （各 8 点，計 24 点）

① ア Can you speak English?　　イ Why are you so serious?

　 ウ He does his homework after dinner.　　エ He will do his homework faster.

② ア Let's keep in touch!

　 イ You had to do everything well.

　 ウ I remember the things in your country.

　 エ It will come true.

③ ア The small one is better.　　イ We did four times.

　 ウ I'm going to get more later.　　エ No, I don't need them.

① (　　　)　　② (　　　)　　③ (　　　)

2 ①～③の会話を聞き，最後の発言に対する応答として最も適切なものを選びなさい。会話は
1 回だけ読まれます。 （大阪星光学院高） （①，②各 9 点，③ 10 点，計 28 点）

① ア Sorry, we only accept cash.

　 イ It's not useful.

　 ウ These shoes really suit you.

　 エ How about these?

② ア Coffee in this town is famous.

　 イ One hour is too long.

　 ウ There is a coffee shop across the street.

　 エ You don't have to wait for a bus.

③ ア I went yesterday.

　 イ It's near my house.

　 ウ We can take the bus.

　 エ Maybe we should wait, then.

① (　　　)　　② (　　　)　　③ (　　　)

3 ①～⑤の文または会話を聞き，その文または会話の最後の発言に対する応答として最も適切
なものを選びなさい。会話は 1 回だけ読まれます。 (東京・中央大高)

(①，②各9点，③～⑤各10点，計48点)

① ア The fireworks are starting soon.

　イ Someone forgot to close the door.

　ウ People are watching TV at home.

　エ I'm going shopping with my mother.

② ア You are wearing a uniform.

　イ I can see better with your glasses.

　ウ You have good eyes.

　エ I think the pink one was better.

③ ア I finished my homework.

　イ The teacher gave us some yesterday.

　ウ You will be doing yours tomorrow.

　エ He has some homework to do.

④ ア Really? What did you do?

　イ You don't think so.

　ウ How about going out this weekend?

　エ Last week was better than this week.

⑤ ア They don't have any Japanese food.

　イ There are many Chinese dishes.

　ウ Italian sounds good to me.

　エ I thought you ate Mexican.

①(　　) ②(　　) ③(　　) ④(　　) ⑤(　　)

3 絵や図表を使った問題

標｜準｜問｜題 ────────────────────── （解答）別冊 p.26

重要 020 ①・②の会話とそれに続く質問を聞き，最も適切な答えを選びなさい。会話と質問は1回だけ読まれます。 （広島県）

①

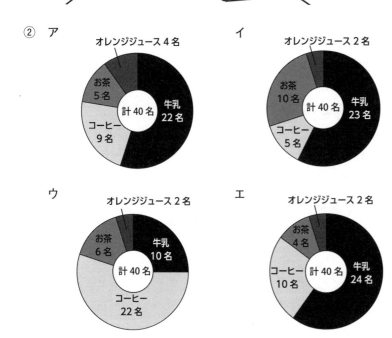

② ア

オレンジジュース 4名

お茶
5名
コーヒー
9名
計40名
牛乳
22名

イ

オレンジジュース 2名

お茶
10名
コーヒー
5名
計40名
牛乳
23名

ウ

オレンジジュース 2名

お茶
6名
牛乳
10名
計40名
コーヒー
22名

エ

オレンジジュース 2名

お茶
4名
コーヒー
10名
計40名
牛乳
24名

① （　　　　） ② （　　　　）

021 　会話とそれに続く質問を聞き，最も適切な答えを選びなさい。会話と質問は 2 回読まれます。

（栃木・作新学院高）

ア
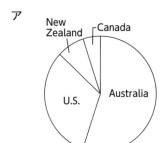

イ
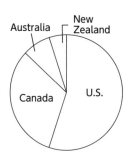

ウ
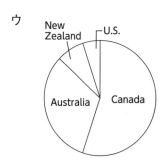

エ
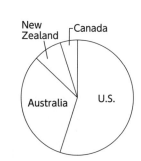

（　　　）

重要 022 　下のスケジュール表を見ながら会話を聞き，①・②の質問の答えとして最も適切なものを選びなさい。会話は 1 回だけ読まれます。

（神奈川・法政大第二高）

Course	Time	Day
Hiking	13:00 – 16:00	Monday to Sunday
Yoga	6:00 – 7:20	Monday to Saturday
Tennis	7:30 – 9:00	Monday & Friday
Fishing	anytime	Monday to Friday
Painting	9:00 – 12:00	Tuesday & Sunday

① What time will they have breakfast on Saturday?
　ア　5:30　　　　イ　6:30　　　ウ　7:00　　　　エ　7:30

② Which course will they take on Sunday?
　ア　Hiking　　　イ　Yoga　　　ウ　Painting　　　エ　Fishing

①（　　　）　②（　　　）

ガイド　イラストや図表を使った問題は，質問の内容を推測しやすい。音声を聞く前に，想定される質問をある程度頭に思い描いておくとよい。

🎧 音声はp.20のQRコードからアクセスできます。

023 放送の指示に従って答えなさい。英文は1回だけ読まれます。 (栃木・作新学院高)

①

②

③

④

⑤

①（　　）　②（　　）　③（　　）　④（　　）　⑤（　　）

重要 024 ①〜⑤の会話や説明とそれに続く質問を聞き，最も適切な答えを選びなさい。会話や英文と質問は2回読まれます。

（大阪・プール学院高）

①（　　　） ②（　　　） ③（　　　） ④（　　　） ⑤（　　　）

🎧 音声は p.20 のQRコードからアクセスできます。

重要 | 025 〉 ①〜⑥のそれぞれの絵について，1〜4の4つの英文が読まれます。絵の状況を表す最も適切なものを選び，その番号を書きなさい。英文は1回だけ読まれます。 〔東京・日本大櫻丘高〕

①

②

③

④

⑤

⑥

① (　　　)　② (　　　)　③ (　　　)　④ (　　　)　⑤ (　　　)　⑥ (　　　)

🎧 音声はp.20のQRコードからアクセスできます。

最 高 水 準 問 題 ―――――――――――――――― 解答 別冊 p.30

026 ①〜④の会話または文章とそれに続く質問を聞き，最も適切な答えを選びなさい。会話または文章と質問は2回読まれます。

(東京・日本大鶴ケ丘高)

① ア　　　　　　　イ　　　　　　　ウ　　　　　　　エ

② ア　　　　　　　イ　　　　　　　ウ　　　　　　　エ

③ ア　　　　　　　イ　　　　　　　ウ　　　　　　　エ

④ ア　　　　　　　イ　　　　　　　ウ　　　　　　　エ

①（　　　）　②（　　　）　③（　　　）　④（　　　）

難 **027** Listen to the conversation and answer the three questions below. You will hear the conversation twice. You will have 30 seconds before the conversation starts. Start reading the situation and advertisement below now. （東京・開成高）

Situation : A child is showing his father an advertisement for a swimming school.

ABC Swimming School
—Summer Classes—

◆ Sign up for one week or more!

Week 1: 8/03 ～ 8/07   Week 2: 8/10 ～ 8/14

Week 3: 8/17 ～ 8/21   Week 4: 8/24 ～ 8/28

◆ Choose a class!

JELLYFISH	DOLPHINS
Swim safely and have fun! This is the perfect class for beginners who want to learn the basics.	Swim faster and longer! This class is for experienced swimmers who want to improve their skills and techniques.
POOL SPORTS & GAMES	**POOL FITNESS**
Looking for some fun in the sun? If so, join this class for activities like water polo and pool volleyball.	Want to get slim or build some muscle? Then you'll enjoy this class for exercise and health.

◆ Select a time!

A.M. classes	Early birds:	7:00 ～ 8:00
	Mid-morning:	9:00 ～ 11:30
P.M. classes	Afternoon:	14:00 ～ 16:00
	Early evening:	17:00 ～ 18:30

For more information, visit: www.abcswimmingschool.com

---

① When will the boy most likely attend the swimming school?

ア From the 3rd.   イ From the 10th.

ウ From the 17th.   エ From the 24th.

② Which class will the boy most likely take?

ア JELLYFISH.   イ DOLPHINS.

ウ POOL SPORTS & GAMES.   エ POOL FITNESS.

③ How many hours a day will the boy most likely attend the swimming class?

ア One hour.   イ One and a half hours.

ウ Two hours.   エ Two and a half hours.

①(   ) ②(   ) ③(   )

音声を聞く スマートフォンでアクセスしよう

006

📝 目標 80 点 ／100

得点

▶解答→別冊 p.33

1 ①〜⑤の英文を放送します。それぞれの内容に最も合うものを選びなさい。英文は 2 回読まれます。

(茨城・常総学院高)　（①，②各 10 点，③〜⑤各 13 点，計 59 点）

① ア　　　　　　イ　　　　　　ウ　　　　　　エ

② ア　　　　　　イ　　　　　　ウ　　　　　　エ

③ ア　　　　　　イ　　　　　　ウ　　　　　　エ

④ ア

好きなスポーツ	
1位	サッカー
2位	野球
3位	テニス

イ

好きなスポーツ	
1位	サッカー
2位	テニス
3位	野球

ウ

好きなスポーツ	
1位	テニス
2位	野球
3位	サッカー

エ

好きなスポーツ	
1位	テニス
2位	サッカー
3位	野球

⑤ ア

将棋の勝敗表
○…勝ち，●…負け

勝敗	ケン	タク	ヒロ
ケン	1勝1敗		●	○
タク	2勝0敗	○		○
ヒロ	0勝2敗	●	●	

イ

将棋の勝敗表
○…勝ち，●…負け

勝敗	ケン	タク	ヒロ
ケン	0勝2敗		●	●
タク	1勝1敗	○		●
ヒロ	2勝0敗	○	○	

ウ

将棋の勝敗表
○…勝ち，●…負け

勝敗	ケン	タク	ヒロ
ケン	1勝1敗		○	●
タク	1勝1敗	●		○
ヒロ	1勝1敗	○	●	

エ

将棋の勝敗表
○…勝ち，●…負け

勝敗	ケン	タク	ヒロ
ケン	1勝1敗		○	●
タク	0勝2敗	●		●
ヒロ	2勝0敗	○	○	

①（　　）　②（　　）　③（　　）　④（　　）　⑤（　　）

2 放送を聞いて答えなさい。英文は1回だけ読まれます。　（東京・中央大高）　（各13点，計26点）

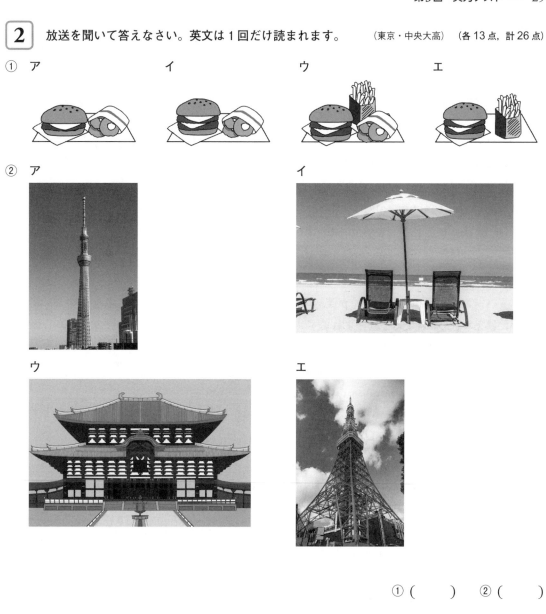

① （　　　）　② （　　　）

3 会話とそれに続く質問を聞き，最も適切な答えを図のア〜オの中から選びなさい。会話と質問は1回だけ読まれます。　（福井県）　（15点）

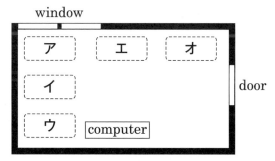

（　　　）

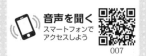
標 準 問 題 ————————————————————————————— (解答) 別冊 p.35

028 英文に続いて，次の①・②の質問に対する選択肢(a 〜 d)が読まれます。その中から最も適切な答えを選びなさい。英文と選択肢は 2 回読まれます。 (兵庫県)

(場面)先生が高校 1 年生の生徒に話をしている。

① What is the teacher talking about?

② Why is the teacher speaking to the students?

① (   )   ② (   )

重要 029 ベーカー先生(Mr. Baker)が英語の授業で自己紹介をしています。これを聞いて，①・②の問いに答えなさい。英文は 2 回読まれます。英文を聞く前に，①・②の質問を読みなさい。 (岐阜県)

① ベーカー先生の話の内容に一致するよう，空所に適切な 1 語を入れなさい。

⑴ What did Mr. Baker study at his university?

— He studied Japanese culture and (   ).

⑵ Why is Mr. Baker surprised about school life in Japan?

— Because Japanese students (   ) their classroom every day.

⑶ According to Mr. Baker, what are good ways to improve English?

— Watching exciting movies and singing (   ) songs in English.

② ベーカー先生の話の内容に一致するものを，次の中から 1 つ選びなさい。

ア Mr. Baker hopes that the students will visit many temples in Japan.

イ Mr. Baker knows about Japan well because he has stayed there before.

ウ Mr. Baker says that about 50 languages are spoken in New York.

エ Mr. Baker tells the students that it's fun to learn other languages.

① ⑴ (   )   ⑵ (   )   ⑶ (   )

② (   )

030 ①・②の英文とそれに続く質問を聞き，最も適切な答えを選びなさい。英文と質問は 2 回読まれます。 (東京・明星高)

① ア Write an essay about their dream.   イ Read Makoto's essay.

ウ Listen to the speaker.   エ Raise their hand.

② ア For about three months.   イ For about four months.

ウ For about half a year.   エ For about one year.

① (   )   ② (   )

重要 031 放送を聞いて，①・②の質問に答えなさい。英文は2回読まれます。 (長野県)

① Which was shown in Takashi's speech?

ア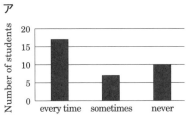

イ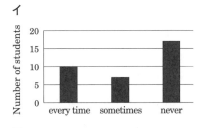

ウ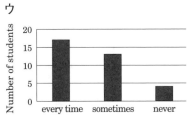

エ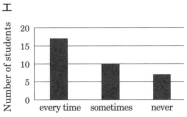

② What is Takashi's message to his classmates?

ア He wants to enjoy shopping with his classmates next Sunday.

イ He hopes his grandmother will teach his classmates how to make a bag.

ウ He hopes more of his classmates will use their own shopping bags.

エ He wants to say that we have to pay for a plastic bag at a store in Japan.

① (　　　)　②(　　　)

重要 032 Lisa が自分のおばあさんについて話す英文を聞き，①・②の質問に対する答えとして最も適切なものを選びなさい。英文は1回だけ読まれます。 (東京・日本大櫻丘高)

① Why doesn't Lisa see her grandmother very often?

ア Because her grandmother lives in a small town.

イ Because her grandmother's life is full of interesting things.

ウ Because her grandmother lives three hours away from Lisa.

エ Because her grandmother talks and laughs with a lot of friends.

② How does Lisa's grandmother stay in touch with family and friends?

ア She visits them.　イ She writes letters.

ウ She uses a smartphone.　エ She cooks dinner for them.

① (　　　)　②(　　　)

ガイド まとまった長さの説明などを聞く際には，時間の許す限り，音声を聞く前に問いと選択肢にざっと目を通しておくとよい。

033 〉 授業でブラウン先生がしている説明とそれに続く①・②の質問を聞き，最も適切な答えを選びなさい。英文は1回だけ読まれます。 (大阪府)

① ア Two.　　　　　イ Three.

　 ウ Four.　　　　　エ Five.

② ア The first thing to do in the cooking lesson.

　 イ People who will make curry.

　 ウ People who will make the fruit cake.

　 エ The fruit used for the cake.

①（　　　）　②（　　　）

034 〉 あなたは研修センターで行われるイングリッシュ・キャンプで先生の説明を聞こうとしています。先生の説明にないものを1つ選びなさい。英文は1回だけ読まれます。 (鹿児島県)

ア 活動日数　　　　　　　イ 部屋割り

ウ 注意事項　　　　　　　エ 今日の日程

（　　　）

重要 035 〉 英文とそれに続く①〜④の質問を聞き，最も適切な答えを選びなさい。英文は2回読まれます。 (愛媛県)

① ア In the library.　　　イ By a hospital.

　 ウ At Kumi's house.　　エ At Shimanami Restaurant.

② ア Last Sunday.　　　　イ Two weeks ago.

　 ウ Three years ago.　　エ Four years ago.

③ ア She will study Japanese with him.

　 イ She will go back to America with him.

　 ウ She will visit a famous temple with him.

　 エ She will learn how to take pictures with him.

④ ア She wants to have her own restaurants.

　 イ She wants to teach Japanese in America.

　 ウ She wants to work at the library in her town.

　 エ She wants to help foreign people who live in Japan.

①（　　　）　②（　　　）　③（　　　）　④（　　　）

036 　放送される英文を聞いて，メモを完成させなさい。英文は 2 回読まれます。　　　　（高知県）

メ　モ
グリーン語学学校について

○ もらったカードについて
・校舎に入るときに必要
・ ①

○ 学校が開く時間
・ ②

○ 時間割
・月，火，木：午前　3 時間授業
　　　　　　　午後　2 時間授業
・水，金　　：午前　3 時間授業
　　　　　　　午後　 ③

○ 英語テストについて
・毎週月曜日の 1 時間目
・テストの結果は ④ に返される。

---

① ア　市バスの料金が平日無料になる
　イ　市バスの料金が週末無料になる
　ウ　市バスの料金が平日半額になる
　エ　市バスの料金が週末半額になる

② ア　午前 7 時15分　　　　イ　午前 7 時50分
　ウ　午前 8 時15分　　　　エ　午前 8 時30分

③ ア　3 時間授業　　　　　イ　テスト勉強
　ウ　農業体験　　　　　　エ　歴史学習

④ ア　試験の直後　　　　　イ　試験の翌週
　ウ　月曜日の放課後　　　エ　火曜日の朝

①（　　　　）　②（　　　　）　③（　　　　）　④（　　　　）

重要 037 　新幹線の車内アナウンスを聞き，そのアナウンスにないものを 1 つ選びなさい。英文は 2 回
読まれます。　　　　　　　　　　　　　　　　　　　　　　　　　　　（鹿児島純心女子高）

ア　新幹線の行先　　　　　イ　次の駅で開くドア
ウ　忘れ物の確認　　　　　エ　新幹線の遅れ

（　　　　）

038 〉 アナウンスと続いて読まれる①〜③の質問を聞き，最も適切な答えを選びなさい。アナウンスは2回読まれます。 (埼玉県)

① ア The chocolate cake.　　イ The ice cream cake.
　 ウ The fruit cake.　　　　エ The cheese cake.

② ア At eleven fifty a.m.　　イ At noon.
　 ウ At one twenty-five p.m.　エ At one thirty p.m.

③ ア Chinese food is more popular than Japanese food at the restaurant.
　 イ People on the bus don't have to get off the bus to order lunch.
　 ウ The restaurant is a great place to eat many different foods from all over the world.
　 エ There are some famous shops in the restaurant.

①（　　　）　②（　　　）　③（　　　）

重要 039 〉 [A][B]の英文とそれぞれに続いて読まれる①・②の質問を聞き，最も適切な答えを選びなさい。英文と質問は2回読まれます。 (奈良・帝塚山高)

[A] ① ア Century travel.　　　イ Bus tour information.
　　 ウ Hotel information.　　エ Flight information.

　 ② ア Star.　　イ Three.　　ウ Four.　　エ Seven.

[B] ① ア 6 a.m.　イ 10 a.m.　ウ It is free.　エ Four hours.

　 ② ア A great view.　　イ The 35th floor.
　　 ウ It is free.　　　エ On the paper.

[A] ①（　　　）　②（　　　）　[B] ①（　　　）　②（　　　）

040 〉 ラジオの買い物番組の一部を聞き，その内容と<u>一致しないもの</u>を2つ選びなさい。英文は2回読まれます。 (奈良県)

ア You can carry many things in the new sports bag.
イ It is easy to wash the new sports bag by hand.
ウ There are eight different colors for the new sports bag.
エ It's 50 dollars if you buy the new sports bag on a special shopping day.
オ You need 75 dollars if you buy two sports bags.
カ You can buy the new sports bag on the Internet.

（　　　）（　　　）

重要 | 041 〉 Bob が自分の出身地について紹介するスライドを作っています。紹介文を聞いて，表の①
～④に入る最も適切なものを選びなさい。英文は 2 回読まれます。　　　　　（神奈川・日本女子大附高）

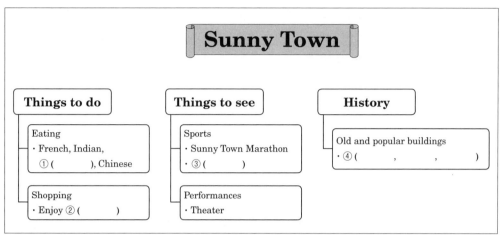

① ア　American　　　　　　　　イ　British
　 ウ　Italian　　　　　　　　　エ　Japanese
② ア　Japanese products　　　　イ　many events
　 ウ　cheap products　　　　　　エ　many shops
③ ア　Sunny Town Stadium　　　イ　The Football Championship
　 ウ　Well-known theater　　　　エ　The World Cups
④ ア　church　　イ　museum　　ウ　hometown　　エ　City Hall
　 オ　stadium　　カ　temple　　キ　tower

　　　①（　　）　②（　　）　③（　　）　④（　　，　　，　　）

最 高 水 準 問 題 ——————————————————————— 解答 別冊 p.44

難 042 あなたは英語の授業で Shohei のスピーチを聞こうとしています。スピーチに続いて①・② の質問が読まれます。①の答えを英語で書きなさい。また，②の答えとして最も適切なものを選びな さい。スピーチと質問は 1 回だけ読まれます。　　　　　　　　　　　　　　　　　　　（鹿児島県）

ア　We should be kind to young girls.

イ　We should wait for help from others.

ウ　We should help others if we can.

①（　　　　　　　　　　　　　　　　　　　　　　　　　　　）　②（　　　）

難 043 あなたは，3 日間の「イングリッシュ・デイ」（英語に親しむイベント）に参加しています。 その初日の先生の話を聞き，内容に合うように［ワークシート］の①〜③に話の中で用いられた 1 語の 英語を書きなさい。また④には，先生の質問に対するあなたの返答を 4 語以上の英語で書きなさい。 英文は 1 回だけ読まれます。　　　　　　　　　　　　　　　　　　　　　　　　　　（山口県）

［ワークシート］

English Day

● Activities

Day1	English (①) activity and presentation
Day2	Going to a (②)
Day3	Making our (③) short movie in English

● Q&A

No.1 | I (　　　　　　　　　④　　　　　　　　　).

①（　　　　　　　　　）　②（　　　　　　　　　）　③（　　　　　　　　　）

④（　　　　　　　　　　　　　　　　　　　　　　　　　　　　　　　　　）

044 英文とそれに続く①・②の質問を聞き，それぞれの質問の答えとして最も適切なものを選び なさい。英文と質問は 2 回読まれます。　　　　　　　　　　　　　　　　（東京・日本大鶴ケ丘高）

① 　ア　100,000　　　　イ　90,000　　　　ウ　110,000　　　　エ　1,000,000

② 　ア　By selling honey to people　　　イ　Because it is an interesting job

　　ウ　His bees eat pollen　　　　　　エ　Fruit farmers pay him

①（　　　）　②（　　　）

045 アナウンスと続いて読まれる①・②の質問を聞き，最も適切な答えを選びなさい。アナウンスと質問は１回だけ読まれます。 (大阪桐蔭高)

① ア At 12:35. イ At 12:40. ウ At 2:30. エ At 2:35.

② ア The students will go to the university and take some lessons.

イ The students will have four classes before lunch.

ウ The students will bring their pencil case and some paper.

エ All the students will take a lesson in the computer room.

① ( ) ② ( )

難 046 Imagine you are doing a study abroad in the U.S. On the first day of school, a 10th grade student is telling you about the 9th grade teachers on your class schedule. Listen carefully and answer the following three questions. You will hear the speaker twice. (東京・開成高)

① Which subject does each teacher teach? Fill in (I)~(IV) with the letter of the subject from the list below. You can only use each subject once.

Teacher	Subject
Mr. Sanchez	(I)
Mrs. Tanaka	(II)
Ms. Miller	(III)
Mr. Smith	(IV)

ア Biology イ Chemistry ウ English
エ History オ Home economics カ Math
キ P.E. ク Performing arts

② Of the four teachers, whose class do 9th grade students tend to enjoy the most?

ア Mr. Sanchez. イ Mrs. Tanaka.
ウ Ms. Miller. エ Mr. Smith.

③ Of the four teachers, who gives the second most homework?

ア Mr. Sanchez. イ Mrs. Tanaka.
ウ Ms. Miller. エ Mr. Smith.

① I ( ) II ( ) III ( ) IV ( ) ② ( ) ③ ( )

1 中学生の Shota は，アメリカの ABC Park に来ています。ABC Park の案内を聞き，①・②の質問の答えとして最も適切なものを選びなさい。また，③の質問に 1 文の英語で答えなさい。英文は 1 回だけ読まれます。 　（群馬県）（①，②各 8 点，③ 10 点，計 34 点）

① 次の(1)と(2)の施設がある場所を，【Map】中のア～エの中からそれぞれ選びなさい。

(1) The art museum 　　(2) The big garden

② 現在通ることができない道を，【Map】中の A ～ D の中から選びなさい。

③ Why is afternoon the best time to see pandas in this park?

【Map】

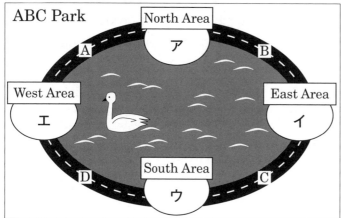

① (1) (　　) (2) (　　) 　② (　　)

③ (　　　　　　　　　　　　　　　　　　　　　　)

2 街にできた新しい図書館の利用案内を聞き，続いて読まれる①・②の質問に答えなさい。①は質問に対する答えとして最も適切なものを選びなさい。②は下線部に適切な英語を入れて，質問に対する答えを完成しなさい。英文は 2 回読まれます。

（鹿児島純心女子高）（① 8 点，② 10 点，計 18 点）

① ア For two days. 　イ For two weeks.
　ウ For ten days. 　エ For ten weeks.

② You must not ＿＿＿＿＿＿＿＿＿＿＿＿.

① (　　) 　② (　　　　　　　　　　　　　　)

3 留守番電話のメッセージと続いて読まれる①〜③の質問を聞き，最も適切な答えを選びなさい。英文と質問は2回読まれます。　　　　　(宮崎県)　(①，②各9点，③10点，計28点)

① ア　Because he was sick.
　　イ　Because he was fine.
　　ウ　Because he had a chorus contest.
　　エ　Because he had homework.

② ア　12:55　　イ　1:15　　ウ　1:20　　エ　1:35

③

ア	イ
・将来の夢について ・月曜日に使う ・20語以上	・将来の夢について ・月曜日に使う ・30語以上
ウ	エ
・将来の夢について ・水曜日に使う ・20語以上	・将来の夢について ・水曜日に使う ・30語以上

①(　　)　②(　　)　③(　　)

4 Richard が話す英文を聞き，①・②の質問に対する答えとして最も適切なものを選びなさい。英文は1回だけ読まれます。　　　　(東京・日本大櫻丘高)　(各10点，計20点)

① Why did Richard come to California?
　　ア　Because he lives with his parents.
　　イ　Because he studies at a university.
　　ウ　Because he loves living in a big city.
　　エ　Because he is interested in traveling.

② What does Richard want to do in the future?
　　ア　To live with his dog.　　イ　To teach at a high school.
　　ウ　To go back to his parents' house.　　エ　To play basketball in his free time.

①(　　)　②(　　)

5 長めの会話を使った問題

標 準 問 題 ――――――――――――――――――――――――― 解答 別冊 p.50

047 ジム (Jim) と店員との雑貨屋での会話と続いて読まれる①・②の質問を聞き，最も適切な答えを選びなさい。会話と質問は 1 回だけ読まれます。 (茨城県)

① ア   イ   ウ   エ

② ア 500 yen.   イ 1,500 yen.   ウ 2,000 yen.   エ 2,500 yen.

① (   ) ② (   )

048 聡太 (Sota) と留学生のジェーン (Jane) の会話と続いて読まれる①〜③の質問を聞き，最も適切な答えを選びなさい。会話と質問は 1 回だけ読まれます。 (宮城県)

① ア To see his family member.   イ To clean the beach.
  ウ To study English.   エ To stay with Jane's family.

② ア Sota should study English with his sister.
  イ Sota should talk more with his father.
  ウ Sota shouldn't go swimming in the sea.
  エ Sota shouldn't walk along the beach.

③ ア He can visit a lot of famous places with his family.
  イ He can learn how to swim in the cold weather.
  ウ He can have a good time without watching the sea.
  エ He can talk with his family and watch the beautiful sea together.

① (   ) ② (   ) ③ (   )

重要 | 049 〉 健太（Kenta）とアメリカ人のジェーン（Jane）との会話と続いて読まれる①～③の質問を聞き，最も適切な答えを選びなさい。会話と質問は 1 回だけ読まれます。 (福岡県)

① ア Yes, she is.　　　　イ No, she isn't.
　　ウ Yes, she did.　　　エ No, she didn't.

② ア He wants to go shopping with her.
　　イ He wants to eat ice cream with her and young Japanese people.
　　ウ He wants to go to the museum with her.
　　エ He wants to enjoy the popular culture of Tokyo with her.

③ ア She has been to Tokyo before, so she knows many things about Tokyo.
　　イ She wants to try the food young Japanese people don't usually eat in Tokyo.
　　ウ She told Kenta about people's lives in Edo like their clothes and food.
　　エ She will see old and new things from the culture of Tokyo with Kenta.

① (　　　)　　② (　　　)　　③ (　　　)

重要 | 050 〉 サッカークラブに所属するボブと，姉で大学生のニーナとが電話で話をしています。二人の会話とそれに続く①・②の質問を聞き，最も適切な答えを選びなさい。会話と質問は 1 回だけ読まれます。 (大阪府)

① ア At the entrance of the house.
　　イ Inside the box in Bob's room.
　　ウ Around the table in the kitchen.
　　エ Under the lunch box inside Bob's bag.

② ア She will clean the entrance to find Bob's shoes.
　　イ She will go to the stadium with Bob's soccer shoes.
　　ウ She will look for Bob's soccer shoes at home.
　　エ She will make a lunch for Bob and bring it to the stadium.

① (　　　)　　② (　　　)

ガイド 　長い会話や文章を聞いている途中で集中力が切れて，その後が全く聞き取れなくなることがよくある。耳の集中力を持続する訓練をしておこう。

🎧 音声は p.40 のQRコードからアクセスできます。

051 会話とそれに続く①〜③の質問を聞き，最も適切な答えを選びなさい。会話と質問は1回だけ読まれます。

(三重県)

① ア At 7:10. イ At 7:40. ウ At 8:10. エ At 8:30.

② ア Because Yoshie taught him a Japanese song after dinner.
　 イ Because his father's experiences in Japan were interesting for him.
　 ウ Because his father sometimes read Japanese books.
　 エ Because his classmates had a chance to talk with him.

③ ア He came to school by bicycle. イ He talked with Hiroshi's family.
　 ウ He practiced calligraphy. エ He made a poster about it.

①（　　）　②（　　）　③（　　）

052 会話とそれに続く①〜⑤の質問を聞き，最も適切な答えを選びなさい。会話と質問は2回読まれます。

(大阪・プール学院高)

① ア At school. イ On the train.
　 ウ In the bookstore. エ At the bus stop.

② ア He thinks they are full of people in the morning.
　 イ He thinks there are few people on the train.
　 ウ He thinks many people are talking to each other.
　 エ He thinks people don't listen to popular music.

③ ア They are coming to school.
　 イ They are talking with each other.
　 ウ They are looking at their phones.
　 エ They are listening to music.

④ ア He is cleaning the door.
　 イ He is using his phone.
　 ウ He is looking at the station.
　 エ He is listening to music.

⑤ ア Mayumi and Jack always go to school together.
　 イ Jack didn't use his phone on the train in his country.
　 ウ Mayumi doesn't use her phone at all on the train.
　 エ Jack likes listening to music better than talking with his friends.

①（　　）　②（　　）　③（　　）　④（　　）　⑤（　　）

最高水準問題
解答 別冊 p.56

053 会話とそれに続く①～③の質問を聞き，最も適切な答えを選びなさい。会話は1回だけ読まれます。

（東京・日本大櫻丘高）

① What time will they probably arrive at the concert hall?

  ア　4 :00　　　　イ　4 :15　　　　ウ　4 :20　　　　エ　4 :30

② What time will they meet at the station?

  ア　3 :20　　　　イ　3 :40　　　　ウ　4 :00　　　　エ　4 :20

③ What is the man's cell phone number?

  ア　610-0075　　イ　610-0057　　ウ　061-0075　　エ　061-0057

①（　　　）②（　　　）③（　　　）

054 図を参考にして会話を聞き，①～④の質問の答えとして最も適切なものを選びなさい。会話は1回だけ読まれます。

（愛知・滝高）

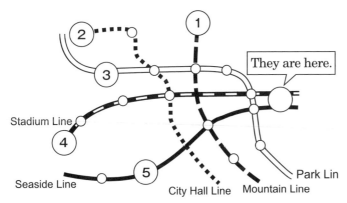

① Where are they?

  ア　At the city hall.　　　　イ　At the train station.

  ウ　At the taxi stand.　　　エ　At the bus station.

② What is the woman going to do first?

  ア　Change trains.　　　　イ　Take a shuttle bus.

  ウ　Go to the right platform.　エ　Go to the ticket office.

③ Which is Airport Station on the route map?

  ア　1　　イ　2　　ウ　3　　エ　4　　オ　5

④ How long does it take to get to the airport?

  ア　About 10 minutes.　　イ　About 20 minutes.

  ウ　About 30 minutes.　　エ　About 3 hours.

①（　　　）②（　　　）③（　　　）④（　　　）

🎧 音声は p.40 の QR コードからアクセスできます。

055 2人が7月4日のアメリカ独立記念日のパーティーに向けて準備をしています。この会話の内容に合うよう，①〜③の空所に入る最も適切なものを選びなさい。会話は2回読まれます。

（東京・明星高）

① The woman is going to serve (　　　) pies for the party on the 4th of July.

　ア　4　　　　イ　10　　　　ウ　15　　　　エ　50

② The woman is the man's (　　　).

　ア　teacher　　イ　mother　　ウ　grandmother　　エ　wife

③ The woman DOESN'T use (　　　) in her pies.

　ア　sugar　　イ　lemon juice　　ウ　salt　　エ　cinnamon

　　　①（　　　）　②（　　　）　③（　　　）

056 Jane，Tom，Keiko の3人の会話と続いて読まれる①〜④の質問を聞き，最も適切な答えを選びなさい。会話と質問は2回読まれます。

（愛知・滝高）

① ア　She is going to meet her grandmother.

　イ　She is going to go to church with her family.

　ウ　She is going to have Christmas dinner at home.

　エ　She is going to visit her grandparents in Seattle.

② ア　He likes to play baseball, but he doesn't like to play any other sports.

　イ　He likes to play baseball, so he wants to be a famous baseball player.

　ウ　He doesn't play baseball, but he is good at playing baseball video games.

　エ　He likes to play baseball video games, but he doesn't like to watch baseball.

③ ア　Because Jane wants a *puppy though she already has three dogs.　*子犬

　イ　Because Jane and her family call her dog Kuro though it is brown.

　ウ　Because Jane didn't know *shiba-inu* is a brown dog though she has one.

　エ　Because Jane's father named the brown dog Kuro though he knew what *kuro* meant.

④ ア　She has been to Seattle with her host family.

　イ　She knew the meaning of 'mongrel' before.

　ウ　She didn't know black means *kuro* in Japanese.

　エ　She is studying English to be a translator.

　　　①（　　　）　②（　　　）　③（　　　）　④（　　　）

057 [A][B]の会話を聞き，それぞれの会話に関する①・②の質問の答えを数字または簡潔な日本語で書きなさい。会話は 2 回読まれます。 （愛知・東海高）

[A]

① ボブのお母さんの身長は何cmですか。

② ボブの身長は何cmですか。

[B]

① バンドは，東京で何回演奏する予定ですか。

② バンドは，福岡で何曜日に演奏しますか。

[A] ① (　　　　) cm　②(　　　　) cm

[B] ① (　　　　) 回　②(　　　　) 曜日

難 058 インタビューの会話を聞き，①〜⑦の空所に入る最も適切なものを選びなさい。会話は 1 回だけ読まれます。 （東京・明治大付明治高）

① Andy Wells is (　　　)

　　ア　a tour guide.　　　　イ　an entertainer.　　　ウ　a writer of a guidebook.

② The best theme park for someone who likes adventurous things is in (　　　)

　　ア　Florida.　　　　　　イ　Ohio.　　　　　　　ウ　New York.

③ Cedar Point has (　　　)

　　ア　7 rollercoasters.　イ　17 rollercoasters.　ウ　70 rollercoasters.

④ In the Wizarding World of Harry Potter, people can (　　　)

　　ア　buy magic sweets.

　　イ　ride a magical coaster.

　　ウ　buy picture books.

⑤ Ocean Park DOES NOT have (　　　)

　　ア　sea animals.　　　　イ　attractions.　　　　ウ　a zoo.

⑥ In Universal Studios in Singapore, you can feel like you are in (　　　)

　　ア　Hong Kong.　　　　イ　Tokyo.　　　　　　ウ　New York.

⑦ Ocean Kingdom in China will have (　　　)

　　ア　dinosaurs.　　　　　イ　a rollercoaster.　　ウ　a dinner restaurant.

①(　　)　②(　　)　③(　　)　④(　　)

⑤(　　)　⑥(　　)　⑦(　　)

第 **5** 回 実力テスト

音声を聞く
スマートフォンで
アクセスしよう
010

▶解答→別冊 p.64

(P) 目標 80 点

得点
／100

1 会話を聞き，①～⑤の質問の答えとして最も適切なものを選びなさい。会話は 2 回読まれます。

(長崎・青雲高) (各 6 点，計 30 点)

① Whose birthday is on the 31st of January?

　ア　It is Shaun's birthday.　　　　イ　It is Shaun's father's birthday.

　ウ　It is Shaun's mother's birthday.　エ　It is Shaun's little brother's birthday.

② When will the birthday party be held?

　ア　It will be held at 3 p.m.

　イ　It will be held at 6 p.m.

　ウ　It will be held on the 29th of January.

　エ　It will be held on the 31st of January.

③ Which of the following sentences is true?

　ア　Shaun is thinking about buying a sweater or a baseball cap.

　イ　Shaun is thinking about buying action figures and model cars.

　ウ　Jimmy is thinking about buying action figures or model cars.

　エ　Tom is thinking about buying a sweater or a baseball cap.

④ Which bus will Shaun and Tom take?

　ア　They'll take the bus that leaves at 3:15 p.m.

　イ　They'll take the bus that leaves at 3:30 p.m.

　ウ　They'll take the bus that leaves at 3:50 p.m.

　エ　They'll take the bus that leaves at 4:00 p.m.

⑤ How much will Tom's return ticket cost?

　ア　It will cost $1.50.　　　　　イ　It will cost $1.80.

　ウ　It will cost $3.00.　　　　　エ　It will cost $3.60.

①（　　　）②（　　　）③（　　　）④（　　　）⑤（　　　）

2 留学生のナンシー(Nancy)と中学生のショウタ(Shota)との会話と続いて読まれる①・②の質問を聞き，最も適切な答えを選びなさい。会話と質問は 2 回読まれます。

(茨城・常総学院高) (各 7 点，計 14 点)

① ア　For about ten days.　　イ　For about fifteen days.

　ウ　For about twenty days.　エ　For about a month.

② ア　She will have a big party for her grandfather at her house in America.

　イ　She will buy a birthday present for her grandfather at a shop.

　ウ　She will go to school and ask her teacher about Japanese culture.

　エ　She will visit Shota's grandfather and give a birthday present to him.

①（　　　）②（　　　）

3 会話を聞き，①〜③の質問に対する答えとして最も適切なものを選びなさい。会話は1回だけ読まれます。
(東京・日本大櫻丘高) (各8点，計24点)

① Where is John calling from?

　ア　Florida　　　　　イ　China　　　　　ウ　A café　　　　エ　A theme park

② When are John and Catherine going to see each other?

　ア　In two weeks　　イ　On May 1st　　ウ　On May 3rd　　エ　On May 11th

③ What does Catherine want to do with John?

　ア　She wants to talk.　　　　　イ　She wants to go to China.

　ウ　She wants to go to a beach.　　エ　She wants to watch a movie.

①（　　） ②（　　） ③（　　）

4 Mario(男性)とTamara(女性)の会話を聞き，①〜④の空所に入る最も適切なものを選びなさい。会話は1回だけ読まれます。
(東京・明治大付明治高) (各8点，計32点)

① Mario and Tamara are going to (　　)

　ア　play baseball.　　　　イ　eat dinner.

　ウ　see a movie.　　　　　エ　visit his grandparents.

② Tamara has watched (　　)

　ア　*Mr and Mrs Jones.*　　イ　*War Games.*

　ウ　*Robot 2075.*　　　　　エ　*Midnight Moon.*

③ Mario and Tamara are going to see (　　)

　ア　*Mr and Mrs Jones.*　　イ　*War Games.*

　ウ　*Robot 2075.*　　　　　エ　*Midnight Moon.*

④ Mario and Tamara are going to meet at (　　)

　ア　6:30.　　イ　7:00.　　ウ　7:30.　　エ　8:00.

①（　　） ②（　　） ③（　　） ④（　　）

6 文章を使った問題

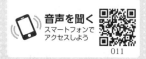

標 準 問 題 ——————————————————————————— (解答) 別冊 p.68

059 英文とそれに続く①～③の質問を聞き，最も適切な答えを選びなさい。英文と質問は2回読まれます。
(福岡・西南女学院高)

① ア two years ago　イ last year　ウ two days later　エ two weeks ago

② ア throwing the garbage　　　イ enjoy hiking
　 ウ cleaning the park　　　　エ making friends

③ ア Because she wanted to make friends.
　 イ Because she wanted to learn about pollution.
　 ウ Because she wanted to join the project.
　 エ Because she wanted to have an experience.

①（　　）　②（　　）　③（　　）

060 ①～⑤の英文とそれに続く質問を聞き，最も適切な答えを選びなさい。英文と質問は1回だけ読まれます。
(長崎・青雲高)

① ア By playing games in French class.　イ By using a smartphone application.
　 ウ By using his textbooks.　　　　　エ By practicing with his friend.

② ア There will be an English test tomorrow.
　 イ Students should all go to room 433.
　 ウ Students should be quiet this afternoon.
　 エ Students should move their chairs.

③ ア She will take part in a special course.
　 イ She will help people in an emergency.
　 ウ She will help doctors while they work.
　 エ She will move to another city.

④ ア Making more food for his friends.　イ Making more food for his lunch.
　 ウ Speaking to a professional chef.　エ Opening his own restaurant.

⑤ ア Because he could get free coffee.
　 イ Because other people were doing it.
　 ウ Because he thought it was bad to waste paper.
　 エ Because his wife made him do it.

①（　　）　②（　　）　③（　　）　④（　　）　⑤（　　）

重要 061 英文とそれに続く①～③の質問を聞き，最も適切な答えを選びなさい。英文と質問は2回読まれます。
（千葉日本大第一高）

① ア When he was 80 years old. 　イ In 1998.
　 ウ When he was 83 years old. 　エ In 1943.
② ア Kurosawa made his first movie. 　イ Kurosawa turned 83 years old.
　 ウ Kurosawa won an Oscar award. 　エ Kurosawa was inspired by *Star Wars*.
③ ア *Madadayo* 　イ *Rashomon*
　 ウ *Star Wars* 　エ *Ikiru*

①（ 　 ） ②（ 　 ） ③（ 　 ）

重要 062 英文を聞き，①～④の質問に対する答えとして最も適切なものを選びなさい。英文は2回読まれます。
（福岡・久留米大附設高）

① What can we NOT learn at school?
　 ア Where to get skills. 　イ What to do. 　ウ How to live.
② What is a more important thing to solve the world's problems?
　 ア To get good marks.
　 イ To compete with each other.
　 ウ To work together.
③ Which statement is true about home-schooling?
　 ア Children can ask their school teachers questions.
　 イ Children are educated by using buzzers.
　 ウ Parents can help their children study.
④ Which statement is true about high schools in Canada?
　 ア There are no official grades though students have various tests.
　 イ Students learn about nature outside the school for months.
　 ウ School gives students the tools to learn about nature.

①（ 　 ） ②（ 　 ） ③（ 　 ） ④（ 　 ）

ガイド 長い説明文を聞く場合，何について語ろうとしているかを素早くつかむことが大切。文章のテーマは冒頭で紹介されることも多いので，最初の1文を集中して聞こう。

最 高 水 準 問 題 ————————————————————————————— 解答 別冊 p.72

063 英文とそれに続く①・②の質問を聞き，最も適切な答えを選びなさい。英文と質問は2回読まれます。 　　　　　　　　　　　　　　　　　　　　　　　　　　　　　　　　（北海道・函館ラ・サール高）

① ア　Zoos in Japan.　　　　　　　　　イ　Jungles in South America.
　 ウ　Shizuoka prefecture.　　　　　　エ　Hot baths all around Japan.
② ア　About 10 years.　　　　　　　　イ　About 20 years.
　 ウ　About 40 years.　　　　　　　　エ　About 60 years.

① (　　　　) 　② (　　　　)

064 英文とそれに続く①～⑤の質問を聞き，最も適切な答えを選びなさい。英文と質問は2回読まれます。 　　　　　　　　　　　　　　　　　　　　　　　　　　　　　　　　（東京学芸大附高）

① ア　It was close to their homes.
　 イ　They wanted to use the computers.
　 ウ　They had rooms at the exhibition.
　 エ　They wanted to go to an exhibition.
② ア　Bedrooms and kitchens.　　　　　イ　Bathrooms and a swimming pool.
　 ウ　A swimming pool and a living room.　エ　A living room and bedrooms.
③ ア　The elevators were broken.
　 イ　They wanted to do some exercise.
　 ウ　It seemed more interesting to them.
　 エ　It was one of the hotel rules.
④ ア　He began singing.　　　　　　　イ　He finished telling jokes.
　 ウ　He listened to Scott's stories.　　エ　He listened to Bill's jokes.
⑤ ア　They went up to the top floor.
　 イ　Scott began crying because he was scared.
　 ウ　One or more of them went back down.
　 エ　They went to the computer exhibition.

① (　　　) 　② (　　　) 　③ (　　　) 　④ (　　　) 　⑤ (　　　)

065 英文を聞き，①〜⑤の質問の答えとして最も適切なものを選びなさい。英文は2回読まれます。

（東京・中央大杉並高）

① Why does the speaker talk about the name of a German city?

ア Because the name "hamburger" comes from the city.

イ Because hamburgers were invented in the city.

ウ Because James H. Salisbury comes from the city.

エ Because a special machine was invented in the city.

② Which is true about James H. Salisbury?

ア He made hamburgers first in the U.S.

イ He invented a machine to cut meat into small pieces.

ウ He made food similar to Hamburg steak in the U.S.

エ He made hamburgers very popular.

③ Which is true about Hamburg steak?

ア The same person invented both Hamburg steak and hamburgers.

イ Hamburg steak was not popular at first because it was difficult to make.

ウ People ate Hamburg steak without forks and knives before hamburgers were invented.

エ Hamburg steak was something like sausages in the U.S. in the 19th century.

④ Why did factory workers have to eat on the road?

ア Because the food in factory cafeterias was not delicious.

イ Because many restaurants and cafeterias weren't open late at night.

ウ Because many factories closed in the early evening in the late 19th century.

エ Because factory workers didn't have forks and knives.

⑤ Which is true about hamburgers?

ア A factory worker in New York made hamburgers for the first time.

イ Many factory workers pulled wagons to bring their own food for dinner.

ウ In the 20th century, it became easy to make hamburgers because of new machines.

エ In the 20th century, hamburgers were still expensive, so it was difficult to buy them often.

①（　　　）　②（　　　）　③（　　　）　④（　　　）　⑤（　　　）

🎧 音声は p.48 の QR コードからアクセスできます。

難 **066** 英文を聞き，①〜⑤の質問の答えとして最も適切なものを選びなさい。英文は 2 回読まれます。

(兵庫・灘高)

① What kind of clock was NOT talked about?

　ア　Clocks that use sand to tell time

　イ　Clocks that use water to tell time

　ウ　Clocks that tell time using the stars

　エ　Clocks that tell time using the Sun

② How wide is the largest clock in the world?

　ア　7 meters wide　　　　　　イ　18 meters wide

　ウ　43 meters wide　　　　　　エ　96 meters wide

③ What is an example of a watch?

　ア　A clock on the wall of a classroom

　イ　A clock that is easy to see

　ウ　A phone that shows the time

　エ　A small clock you can keep in your pocket

④ Why are smart watches becoming more popular?

　ア　Many people use their phones to check the time.

　イ　They are becoming easier to use.

　ウ　They are fashionable.

　エ　They are large and can be seen from far away.

⑤ What is a good title for this speech?

　ア　A History of London's Big Ben

　イ　How to Use a Watch

　ウ　The Most Interesting Clocks in the World

　エ　What Time is it Now? ― All About Clocks and Watches

①（　　　） ②（　　　） ③（　　　） ④（　　　） ⑤（　　　）

難 **067** Listen to the teacher starting his lecture and answer the four questions below. You will hear the teacher twice.　　　　　　　　　　（東京・開成高）

① What will the topic of this lecture be?

　ア　How the economy has changed farming.

　イ　How more farming is being done in cities.

　ウ　Why farmers are starting to use factories.

　エ　Why fewer people in the countryside are farming.

② According to the speaker, how has the number of farmers changed compared to the past?

　ア　The number of farmers has dropped by half.

　イ　The number of farmers has decreased by 70 percent.

　ウ　Today the number of farmers is a little lower than it was 150 years ago.

　エ　Today the number of farmers is only 10 percent of what it was 100 years ago.

③ What is NOT one of the benefits of the types of farms the speaker is introducing?

　ア　They make fresh foods available.

　イ　They increase pay for jobs in the city.

　ウ　They create stronger community ties.

　エ　They can help make the natural environment healthier.

④ What will the speaker most likely talk about next?

　ア　Farms in cities.　　　イ　Farms on community land.

　ウ　Farms in factories.　　エ　Farms on rooftops.

①（　　　）　②（　　　）　③（　　　）　④（　　　）

第 **6** 回 実力テスト

音声を聞く スマートフォンで アクセスしよう
012

▶目標80点

得点 ／100

▶解答→別冊 p.79

1 ①〜④の英文とそれに続く質問を聞き，最も適切な答えを選びなさい。英文と質問は１回だけ読まれます。 （千葉日本大第一高） （各9点，計36点）

① ア　At about 9:00 p.m. 　　　イ　Every morning.
　 ウ　At about 5:30 p.m. 　　　エ　Ben did not go out that night.

② ア　Because he is a high school student.
　 イ　Because he enjoys visiting friends.
　 ウ　Because his mother and father tell him to.
　 エ　Because he doesn't like traveling to his hometown.

③ ア　Every day after school. 　　イ　At 3:30 p.m.
　 ウ　At 5:30 p.m. 　　　エ　His team is very strong this year.

④ ア　Because he has 20,000 yen.
　 イ　Because he is excited that winter is coming.
　 ウ　Because his manager sometimes gets angry.
　 エ　Because he wants to buy a new snowboard.

①（　　） ②（　　） ③（　　） ④（　　）

2 ①・②の英文とそれに続く質問を聞き，最も適切な答えを選びなさい。英文と質問は１回だけ読まれます。 （東京・中央大高） （各9点，計18点）

① ア　five 　　イ　six 　　ウ　seven 　　エ　eight
② ア　monkey 　　イ　penguin 　　ウ　bear 　　エ　rabbit

①（　　） ②（　　）

3 英文とそれに続く①・②の質問を聞き，最も適切な答えを選びなさい。英文と質問は2回読まれます。　（北海道・函館ラ・サール高）　（各10点，計20点）

① ア　Salmon corn-dogs.　　　　イ　Salmon hot dogs.
　　ウ　Salmon burgers.　　　　　エ　Salmon macaroni.

② ア　By getting a job in fishing.　　イ　By walking to school.
　　ウ　By swimming in salmon rivers.　エ　By talking to local fishermen.

①（　　　）　②（　　　）

4 音声を聞いて質問に答えなさい。会話と質問は1回だけ読まれます。（大阪府）　（各13点，計26点）

【Picture】

① ア　Looking at the numbers on a phone is a useful way of remembering phone numbers.
　　イ　Cellphones are not able to remember necessary phone numbers.
　　ウ　When a shop wants you to remember its phone number, it tells you its number many times.
　　エ　A phrase made for remembering numbers helps you remember a phone number.

② ア　1029239　　イ　6247228　　ウ　6423228　　エ　8486287

①（　　　）　②（　　　）

7 記述問題

標 準 問 題 ──────────────────────────────── 解答 別冊 p.83

重要 068 英語の授業で先生が出したクイズを聞き，その内容に合うよう次の〈メモ〉の①・②に1語の英語を入れなさい。また，③に主語と動詞を含む英語を入れなさい。英文は2回読まれます。 (島根県)

〈メモ〉

Hint 1 : red, ①(　　　　　　　　　), gray, black
　　　 2 : birds and planes ②(　　　　　　　) there
　　　 3 : At night, ③_____ there.

069 留学中の Hajime は，外出しているホストファミリーの Mary からの電話を家で受けています。その電話を聞き，Hajime が必要な内容をまとめたメモの①～③に適切な1語を入れなさい。電話は1回だけ読まれます。 (岡山県)

〈Hajime のメモ〉

Mary { needs her ①(　　　　　　　) for her lesson.
　　　 { will take the ②(　　　　　　) at ③(　　　　　　).

重要 070 中学生の Kazuya とアメリカにいる Cathy がオンラインで行った会話を放送します。その中で Cathy が Kazuya に質問しています。Kazuya に代わって，その答えを英文で書きなさい。2文以上になってもかまいません。書く時間は1分間です。会話は1回だけ読まれます。 (鹿児島県)

_____

_____

重要 071 ①～③の英文とそれに続く質問を聞き，英語で答えなさい。英文は2回読まれます。
(東京・駒澤大高)

① (　　　　　　　) ② (　　　　　　　) ③ (　　　　　　　)

072 ①～⑤の英文を聞き，何についての説明かを日本語で答えなさい。英文は2回読まれます。
(愛知・東海高)

① (　　　　　　　) ② (　　　　　　　) ③ (　　　　　　　)
④ (　　　　　　　) ⑤ (　　　　　　　)

073 ①・②の英文の空所に入る文を聞き取って書きなさい。英文は3回読まれます。

（神奈川・法政大第二高）

① I have a problem. (　　　　　　　　　　　　　　　　　　　　　　)

② This soup is so good. (　　　　　　　　　　　　　　　　　　　　)

074 英文を聞き，①・②に入る語句を聞き取って書きなさい。英文は3回読まれます。

（大阪星光学院高）

Online auctions are popular in Japan. This is because we can take part in them on our smartphone and get ①＿＿＿＿＿＿＿＿＿＿＿＿＿＿＿＿＿＿＿＿＿. People of all ages are enjoying them often. However, we must be careful ②＿＿＿＿＿＿＿＿＿＿＿＿＿＿＿＿＿＿＿.

075 会話を聞き，①～⑤に入る語句を聞き取って書きなさい。日付も英語のつづりで書きなさい。英文は2回読まれます（M は mother，F は father，D は daughter を指します）。

（福岡・久留米大附設高）

M: Where are you going at the end of the year?

F: Well, I want to go to a tropical island.

M: Like Hawaii or Guam?

F: Can you find out how much ①＿＿＿＿＿＿＿＿＿＿＿ a family of 4 on the Internet?

M: OK. I'll check the price in the book store without buying anything.

F: Our budget for 4 is ¥100,000.

D: Daddy, you can't go to "Disneyland" ②＿＿＿＿＿＿＿＿＿＿＿.

F: Just joking. But try to find the cheapest rates available.

M: I'll do my best.

(After arriving in Hawaii)

D: All right! We're in Hawaii. It's different than in Japan. It's not humid.

F: I feel comfortable because the ③＿＿＿＿＿＿＿＿＿＿＿.

D: The ocean is crystal clear and beautiful.

F: You're right. What a beautiful white beach! Oh, look over there. There is a wedding ④＿＿＿＿＿＿＿＿＿＿＿.

D: You're right. How lovely!

F: One of Dad's classmates will get married ⑤＿＿＿＿＿＿＿＿＿＿＿.

D: How nice! I'd like to get married here in Hawaii someday.

ガイド 記述式の問題では，聞く力と書く力の両方が問われる。単語のつづり，大文字・小文字の使い分け，文末にピリオドをつける点などにも注意しよう。

🎧 音声はp.56のQRコードからアクセスできます。

076 〉 マユミ (Mayumi) の中学校の授業で，ホワイト先生 (Mr. White) が生徒たちに話をしています。これを聞いて次の質問に答えなさい。英文は2回読まれます。 （茨城・常総学院高）

① ホワイト先生の話の内容に合うものを，次の中から1つ選びなさい。

ア All the students are going to join in the English camp for five days.

イ Students must not speak Japanese during the camp.

ウ On the second day, students will sing some English songs in the morning.

エ On the last day, students will make a speech in English in the afternoon.

② あなたがマユミの立場なら，ホワイト先生の質問に対して何と答えますか。1文の英語で答えなさい。

① (　　　)

② _____

重要 077 〉 進路に悩む高校3年生に向けた gap year に関する英文を聞き，①・②の質問に答えなさい。英文は2回読まれます。 （東京・駒澤大高）

① それぞれの文が読み上げられた英文の要約になるように，空所に適切な1語を入れなさい。

(1) When you take a gap year, it means that you do not go to (　　　).

(2) You can get a great (　　　) during a gap year and find your interests and new skills.

(3) During a gap year, you can get a job and it will help you because a lot of money is (　　　) for university life.

② 次の質問に対する答えとして最も適切なものを選びなさい。

Which is the best thing to do during a gap year?

ア doing the homework 　　イ doing housework

ウ doing a part-time job 　　エ doing exercise

① (1) (　　　　　　　) 　(2) (　　　　　　　) 　(3) (　　　　　　　)

② (　　　)

重要　078　これから放送する会話は，留学生のマイクと高校生の広子がある話題に関して話したときのものです。下の【会話】に示されているようにまず①でマイクが話し，次に②で広子が話し，そのあとも交互に話します。⑤ではマイクが話す代わりにチャイムが1回鳴ります。あなたがマイクなら，この話題に関しての会話を続けるために⑤で広子にどのような質問をしますか。⑤に入る質問を英文で書きなさい。会話は1回だけ読まれます。　　　　　　　　　　　　　　　　　　（広島県）

【会話】

Mike:　　　①

Hiroko:　　②

Mike:　　　③

Hiroko:　　④

Mike:　　⑤　チャイム

079　MikeとGoroとの会話の中で，GoroがMikeに質問をしています。Mikeに代わってあなたの答えを英文で書きなさい。2文以上になってもかまいません。書く時間は30秒間です。英文は2回読まれます。　　　　　　　　　　　　　　　　　　　　　　　（鹿児島純心女子高）

重要　080　これから放送する英文は，留学生のキャシーが高校生の次郎に対して話したときのものです。キャシーの質問に対して，あなたならどのように答えますか。あなたの答えを英文で書きなさい。2文以上になってもかまいません。英文は1回だけ読まれます。　　　　　　　　　　　　　　　　　　（広島県）

🎧音声は p.56 の QR コードからアクセスできます。

最 高 水 準 問 題 ──────────────────── 解答 別冊 p.88

081 英文を聞き，①〜③に入る語を聞き取って書きなさい。英文は1回だけ読まれます。

(東京・中央大高)

"English is seen as difficult by a lot of Japanese school students, so it is important for teachers to (①) for ways to make the lessons fun and interesting.　If English classes are limited to only textbooks, vocabulary and grammar, many students will switch off and become (②).　English is an active subject, not a passive one.　Teachers need to give students a chance to use their English in fun (③), and to understand how it can be useful in their daily lives."

① (　　　　　　　) 　② (　　　　　　　) 　③ (　　　　　　　)

難 082 2つのニュース記事の英文を聞き，①〜⑩に入る語句（1語とは限らない）を聞き取って書きなさい。⑨は数字で書いてもかまいません。英文は2回読まれます。

(東京・江戸川女子高)

[A] People who live in big cities are sleeping less and less, which has a big impact on their (①) and mental health.　The COVID-19 pandemic caused people to (②) and the quality of their sleep was (③).　The reason was (④).　Many people could not do the things they (⑤) did, so they got up and went to sleep at different times.　This was not good because they needed routines in their lives.

[B] A company called Biogen made a drug for Alzheimer's disease, which is a drug that could possibly help people who (⑥) the disease.　It is also the first new Alzheimer's drug in 18 years.　Some people were excited (⑦) others said that more tests were needed (⑧) the drug was safe.　The cost of the drug is $(⑨) per year for one person, which could make $1 billion for Biogen in 2022.　The hope is that there will be more drugs like this which will (⑩) the cost and that researchers find other cheaper treatments.

① (　　　　　　　) 　② (　　　　　　　) 　③ (　　　　　　　)
④ (　　　　　　　) 　⑤ (　　　　　　　) 　⑥ (　　　　　　　)
⑦ (　　　　　　　) 　⑧ (　　　　　　　) 　⑨ (　　　　　　　)
⑩ (　　　　　　　)

難 **083** 英文を聞き，[A] [B]の質問に答えなさい。英文は 2 回読まれます。 （東京・桐朋高）

[A] それぞれの質問の答えとして最も適切なものを選びなさい。

① Where was the hotel Henry was staying in?

　ア It was close to the doctor's office in London.

　イ It was close to the doctor's office in New York.

　ウ It was far from the doctor's office in London.

　エ It was far from the doctor's office in New York.

② Why did Henry lie to the doctor?

　ア Because he was feeling well.

　イ Because he was late for the appointment.

　ウ Because he didn't want to pay much money.

　エ Because he didn't have the medicine.

[B] なぜ最後に Henry は驚いたのですか。その理由となるように，日本語の空所部分を埋めなさい。①は10字以内，②は15字以内とします。

（　①　）と医者に伝えたところ，医者に（　②　）と指示されてしまったから。

[A] ① (　　　　) ② (　　　　)

[B] ①

②

難 **084** 英文を聞き，その話の大まかな内容を20字前後の日本語で答えなさい。句読点も 1 字とします。英文は 2 回読まれます。 （東京・明星高）

第 7 回 実力テスト

音声を聞く
スマートフォンで
アクセスしよう
014

Ⓕ 目標 80 点

得点 ／100

▶解答→別冊 p.91

1 ①，②の英文を聞き，何についての説明かを 1 語の英語で答えなさい。英文は 1 回だけ読まれます。
(東京・中央大高) (各 4 点，計 8 点)

① (　　　　　　　　　) ② (　　　　　　　　　)

2 ノートの取り方についての会話を聞き，その内容に合うよう①〜④に入る 1 語を答えなさい。会話は 1 回だけ読まれます。
(東京・明治大付明治高) (各 4 点，計 16 点)

The woman will have a (　①　) test on Friday. She is worried because she has to (　②　) a lot of information to pass the test. The man saw her notes and advised her to draw (　③　). In the end, the man tested her (　④　). She understood how to take notes.

① (　　　　　) ② (　　　　　　) ③ (　　　　　　)
④ (　　　　　)

3 放送の指示に従って答えなさい。
(熊本県) (各 5 点，計 20 点)

「陽子のメモ」

Student's Name	Example of the Topic
Lisa	To talk about some school (　①　)
Takuya	To talk about (　②　)
Satoko	To talk about (　③　) subjects

「質問に対する答え」

She wants to choose (　④　) for them with her students.

① (　　　　　　) ② (　　　　　　) ③ (　　　　　　)
④ (　　　　　　　　　)

4 これから，Takeru と Mary の会話を放送します。下はその会話の後で，Mary が友人の Hannah と電話で話した内容です。空所に適切な1語を入れなさい。会話は1回だけ読まれます。 (鹿児島県)（6点）

Hannah:　Hi, Mary.　Can you go shopping with me on (　　　)?

Mary:　　Oh, I'm sorry.　I'll go to see a movie with Takeru on that day.

(　　　　　　　　)

5 宇宙ゴミ (space debris) についての英文を聞き，①〜⑩に入る単語または数字を答えなさい。英文は2回読まれます。 (東京・江戸川女子高)（各5点，計50点）

Humans are working to clean up the (　①　) on Earth, but there is also a lot of (　②　) around Earth — in outer space.　In recent years, there has been a lot of development in space (　③　).　More than 7,000 spacecrafts that orbit the Earth have been launched.　Sometimes these spacecrafts stop (　④　), and sometimes they hit each other.　As a (　⑤　), they become space debris.　There may be about 20,000 pieces of debris larger than ten centimeters, and over (　⑥　) larger than one centimeter.　This kind of debris is very (　⑦　) for space development, because the debris is going around the Earth at about (　⑧　) kilometers per hour.　There is no air in space, so objects (　⑨　) at very high speeds.　If a one centimeter piece of debris were to hit a spacecraft, it would cause major (　⑩　).

① (　　　　　　)　② (　　　　　　　)　③ (　　　　　　　)

④ (　　　　　　)　⑤ (　　　　　　　)　⑥ (　　　　　　　)

⑦ (　　　　　　)　⑧ (　　　　　　　)　⑨ (　　　　　　　)

⑩ (　　　　　　)

□ 編集協力　㈱シー・レップス　渡邉聖子　白石あゆみ

□ 本文デザイン　CONNECT

□ 本文イラスト　㈱シー・レップス　林拓海

□ 録音　高速録音㈱

□ ナレーション　Ananda Jacobs　Stuart O　芦澤亜希子

シグマベスト
最高水準問題集
中学英語リスニング

著　者　佐藤誠司

発行者　益井英郎

印刷所　株式会社天理時報社

発行所　株式会社文英堂

　　〒601-8121　京都市南区上鳥羽大物町28
　　〒162-0832　東京都新宿区岩戸町17
　　（代表）03-3269-4231

●落丁・乱丁はおとりかえします。

シグマベスト

σ BEST
シグマベスト

最高水準問題集

中学英語リスニング

解答と解説

文英堂

1 短い会話を使った問題

001 ① ウ ② イ ③ エ

解説 ①男性は最初4枚のチケットを買おうとしたが，無料チケットを1枚持っていることに気づいたので，買うのは3枚。

②ゆうべ男性は，夕食を作り，服を洗い，部屋を掃除した。

ア 野球の試合を見た。　〇イ 夕食を作った。

ウ 皿を洗った。　　　　エ 教室を掃除した。

③駅で待ち合わせた男女が，携帯電話で連絡を取り合っている状況。男性は女性に，自分の方から女性のいる場所へ行くと言っている。

ア 家へ帰る。　　　イ 男性に会いに行く。

ウ 電車に乗る。　〇エ 男性を待つ。

スクリプト

①M: We will see "Dinosaur the Movie."

W: How many tickets do you want?

M: Two tickets for adults and two for kids. Oh, wait a minute, I have one free ticket for an adult. Here you are.

W: Okay, then that'll be 11 dollars for one adult and two children.

Question: How many tickets will the man buy?

②W: Did you watch the basketball game last night?

M: No, I was too busy.

W: Well, what did you do last night?

M: I had to cook dinner for my family, wash clothes, and clean my room.

Question: What did the man do last night?

③M: Hey, I just got out of the station.

W: So did I. Where are you? I can't find you.

M: What can you see around you?

W: I'm right in front of Golden Valley Bank and a small book store is next to it.

M: I see. You must be on the other side. Stay there. I'm coming.

W: OK. Take your time.

Question: What will the woman do next?

全訳

①男：私たちは『ダイナソー・ザ・ムービー』を見ます。

女：チケットは何枚お求めですか。

男：大人2枚と子ども2枚です。あ，待って，大人の無料チケットを1枚持っています。はい，どうぞ。

女：わかりました，では，大人1名とお子様2名で11ドルになります。

問：男性は何枚のチケットを買うだろうか。

②女：ゆうべ野球の試合を見た？

男：いや，忙しすぎて。

女：じゃあ，ゆうべ何をしたの？

男：家族に夕食を作って，服を洗って，部屋を掃除しなければならなかったんだ。

問：男性はゆうべ何をしたか。

③男：やあ，ちょうど駅を出たところだよ。

女：私もよ。あなたはどこにいるの？ 見当たらないわ。

男：まわりに何が見える？

女：私はゴールデン・バレー銀行のすぐ前にいて，小さな書店がその隣にあるわ。

男：わかった。きっと反対側にいるんだね。そこにいて。ぼくが行くよ。

女：わかったわ。ゆっくりでいいわよ。

問：女性は次に何をするだろうか。

語句

dinosaur「恐竜」 next to 〜「〜の隣に」

on the other side「反対側に」

Take your time.

「時間をかけてかまいません，ごゆっくり」

⇗ 得点アップ

会話問題では，その会話がどんな状況で行われているかを推測することが大切。たとえば①は映画館のチケット売り場での会話であり，男性は客，女性は売り場の係員である。男性の最初の発言中の Dinosaur the Movie は，文字で見れば（引用符で囲まれているので）映画のタイトルだとわかるが，耳で聞いただけでも（女性の返答をヒントにして）これが映画のタイトルであることを理解する必要がある。

002 ① エ ② イ ③ エ ④ ア ⑤ ア

解説 ①マイクのチームはふだん週に3回練習するが，今週はもう2回練習するようコーチに言われた。

ア 2回。　　　イ 3回。

ウ 4回。　○エ 5回。

②女性が男性に調理の指示をしている状況。

ア 料理番組を見ている。

○イ 何かを調理している。

ウ 食事をしている。

エ 店で買い物をしている。

③ティムは「翌日のコンサートのために土曜日に
ピアノのレッスンを受ける」と言っている。

ア 今週の月曜日。　　イ 今週の火曜日。

ウ 今週の土曜日。　○エ 今週の日曜日。

④男性は「見せてくれた最初のにする」と言って
いる。女性が男性に最初に勧めたのは赤いバッグ。

○ア 赤いバッグ。　　イ 白いバッグ。

ウ 黒いバッグ。　　エ 白黒のバッグ。

⑤ジルは子ネコを「家の近くの箱の中で見つけ
た」と言っている。

○ア 近所で見つけた。

イ 初めて会った女性からもらった。

ウ 友人からもらった。

エ 近所のペットショップで買った。

スクリプト

① W: Hello, Mike. You look tired today.

M: Yes, I am very tired.

W: What happened to you?

M: Our team usually practices three times
a week, but we will have a big game
next week, so the coach told us to
practice two more days.

Question: How many times did Mike's team
practice this week?

② W: First, break two eggs and put them in
a bowl. Then, add half a cup of milk.

M: What should I do next?

W: Add some sugar and mix them well.

M: OK. Amy, is it OK like this?

W: Fine.

Question: What are they doing?

③ W: How about going to see a soccer
game this Saturday, Tim?

M: I have a piano lesson on that day.

W: Oh, really? Do you usually have a
lesson on Saturdays?

M: No, usually on Mondays or Tuesdays, I
can choose. But I'm going to perform at
a concert the next day.

Question: When will Tim have a concert?

④ W: What do you think of this red bag?

M: It's nice, but do you have any different
colors?

W: Yes. How about this white one? We
also have this kind of bag in white and
black.

M: White and black.... Mum, thank you.
I'll take the first one you showed me.

Question: What will the man buy?

⑤ M: Hi, Jill. I hear you have a new
kitten. Did you find it at a pet shop?

W: No, I found it in a box near my house.
Someone threw it away.

M: That's terrible. I can't understand
people who throw away animals. Are
you going to keep it?

W: Yeah, at first, I was going to give it to a
friend. But now I've decided to keep it.

Question: How did the woman get her new
kitten?

全訳

①女：こんにちは，マイク。今日は疲れているようね。

男：うん，とても疲れているよ。

女：何があったの？

男：ぼくたちのチームはふだん週に3回練習するけ
ど，来週大きな試合があるから，コーチがもう2
日練習するようぼくたちに言ったんだ。

問：マイクのチームは今週何回練習したか。

②女：最初に，卵を2つ割ってボウルに入れて。そ
れから，ミルクを半カップ加えて。

男：次は何をすればいいの？

女：砂糖を加えて，よく混ぜて。

男：わかった。エイミー，こんな感じでいいかな？

女：それでいいわ。

問：彼らは何をしているか。

③女：今週の土曜日にサッカーの試合を見に行くの
はどう，ティム？

男：その日はピアノのレッスンがあるんだ。

女：まあ，本当？ ふだん土曜日にレッスンを受けて
いるの？

男：いや，ふだんは月曜日か火曜日を選べる。でも
次の日にコンサートで演奏する予定なんだ。

問：ティムのコンサートはいつか。

④女：この赤いバッグはどうですか？

男：いいね，でも違う色はありますか？

女：ええ。この白いのはどうですか？ このタイプの
バッグは白黒のもあります。

男：白黒か…ありがとうございます。見せてくれた

最初のにします。

問：男性は何を買うだろうか。

⑤男：やあ，ジル。君の家に新しい子ネコがいるそうだね。ペットショップで見つけたの？

女：いいえ，家の近くで箱に入っているのを見つけたの。誰かが捨てたのね。

男：それはひどい。動物を捨てる人を理解できないよ。飼うつもりなの？

女：ええ，最初は，友だちにあげるつもりだったの。でも今は飼うことにしたわ。

問：女性は新しい子ネコをどのようにして手に入れたか。

【語句】

neighborhood「近所(の)」

⑦ 得点アップ

読み上げられた会話や英文の内容に合うものを選ぶ問いでは，本文の言葉を別の言葉で言い換えた選択肢が正解になることがよくある。たとえば⑤は，読み上げの I found it in a box near my house.(私は箱に入ったそれ[ネコ]を家の近くで見つけた)を，She found it in her neighborhood.(彼女はそれを近所で見つけた)と言い換えたアが正解。このような選択肢の作り方は，リーディング問題にもよく見られる。

003 ① ア ② エ ③ ウ

【解説】①ジョージが暖房の入った部屋のドアを開けっぱなしにしていることを母親が注意している状況。

○ア 彼は暖房をつけている。

イ 彼の立てている音が大きすぎる。

ウ 彼は宿題を終えねばならない。

エ 彼はドアを閉めるのを覚えておくべきだ。

②トムの最初の発言中の right in front of the stage は「ステージのちょうど前に，真正面に」ということ。この right は「まさしく，ちょうど」の意味。「右前」ではないので注意。

ア チケットが誕生日プレゼントだった。

イ コンサートが短かった。

ウ 彼は兄[弟]と一緒にそこへ行った。

○エ 彼はステージの近くに座った。

③ホワイト先生はシンディに，isn't it a little

difficult(それ[＝日本の農業というテーマ]は少し難しくありませんか)と言っている。

ア 準備する時間がない。

イ 彼は彼女の祖父を知らない。

○ウ 彼女が選んだテーマは難しいように思われる。

エ 彼女のテーマには誰も興味を持たないだろう。

【スクリプト】

①W: George, can you please keep this door closed?

M: Why? I wasn't making any noise. I'm just doing my homework.

W: It's not that. You're using your heater with the door open.

M: Oh, sorry about that, Mom. I'll try to remember next time.

Question: Why does George's mother want him to close his door?

②W: Tom, how was the concert last night?

M: It was amazing, Lucy! The best thing about it was that my seat was right in front of the stage.

W: You're so lucky! How did you get such a great ticket?

M: My brother gave it to me as a birthday present.

Question: Why did Lucy think Tom was lucky?

③M: So Cindy, have you chosen a topic for your report?

W: Yes, Mr. White. I was thinking of making one about farming in Japan.

M: That sounds like an interesting topic, but isn't it a little difficult?

W: It probably is hard, but my grandfather was a farmer there for fifty years. He says he can help me.

Question: What is Mr. White worried about with Cindy's presentation?

【全訳】

①女：ジョージ，このドアを閉めておいてくれる？

男：なぜ？ ぼくは何も音を立てていなかったよ。宿題をしているだけだ。

女：そうじゃないの。ドアを開けたままで暖房を使っているでしょ。

男：ああ，ごめん，ママ。次からは覚えておくようにするよ。

問：ジョージの母親が彼にドアを閉めてほしいと思っ

ているのはなぜか。

②女：トム，ゆうべのコンサートはどうだった？

男：素晴らしかったよ，ルーシー！ 最高だったのは，ぼくの席がステージの真正面だったことだ。

女：それは運がよかったわね！ どうやってそんないいチケットを取ったの？

男：兄さん[弟]がぼくの誕生日プレゼントにくれたんだ。

問：ルーシーはなぜトムが幸運だと思ったのか。

③男：それでシンディ，レポートのテーマは選びましたか？

女：はい，ホワイト先生。日本の農業について書こうかと思っていました。

男：それは面白いテーマですが，少し難しくありませんか？

女：たぶん難しいです，でも祖父は日本で50年間農業をしていました。彼は私を手伝ってくれると言っています。

問：ホワイト先生はシンディの発表について何を心配しているか。

[語句]

amazing「驚異的な，素晴らしい」

topic「話題，テーマ」 farming「農業」

sound like 〜「〜のように聞こえる[思われる]」

be worried about 〜「〜のことを心配している」

---

004 ① イ ② ウ

[解説] ①男性はいくら払うだろうか。

ア 1,400円 ○イ 2,000円 ウ 2,400円

男性は2,000円の家族チケットを買おうとしている。

②飛行機は何時にハワイに着くことになるか。

ア 午後2時30分 イ 午後3時

○ウ 午後3時30分

女性（客室乗務員）は，強風のため飛行機の到着は午後3時の予定から30分遅れると言っている。

[スクリプト]

① W: Welcome to Keyaki Zoo!

M: Hi! How much do we have to pay? We are a group of four.

W: Well, one ticket for one adult is 700 yen. One ticket for a junior or senior high school student is 500 yen, and for children under 12, one ticket is 400 yen.

M: I see. We are a family of two adults and two high school students, so I'll pay

2,400 yen.

W: Right. Oh, then, you can buy a family ticket. It is 2,000 yen.

M: Great. I'll take it.

② W: Hi, are you enjoying the flight?

M: Yes, but I have a question. When will we get to Hawaii?

W: We were going to arrive there at 3:00 p.m., but it is windy, so we'll be 30 minutes late.

M: It's 2:30 now, so it will take one more hour.

W: That's right.

[全訳]

①女：けやき動物園へようこそ！

男：こんにちは！ いくら支払わなければなりませんか。私たちは4人のグループです。

女：そうですね，大人は1枚700円です。中学生，高校生は500円で，12歳未満のお子様は400円です。

男：わかりました。私たちは大人2人，高校生2人なので，2,400円払います。

女：そのとおりです。ああ，それから，家族チケットを買えます。2,000円です。

男：それはいいですね。それを買います。

②女：こんにちは，フライトをお楽しみですか。

男：ええ，でも質問があります。ハワイに到着するのはいつですか。

女：午後3時に到着予定ですが，風が強いので30分遅れそうです。

男：今は2時30分だから，あと1時間かかりますね。

女：そうです。

[↗得点アップ]

①の2,400 yen の読み方は two thousand (and) four hundred yen だが，twenty-four hundred yen（＝24×100）と読むこともできる。この読み方も知っておこう。

---

005 ① イ ② ア ③ イ ④ ウ

[解説] ①100ドルの時計を2つ買えば，どちらも50%引きで50ドルになるので，支払う金額は100ドル。

ア 50ドル ○イ 100ドル

ウ 150ドル エ 200ドル

②7人来る予定だったが，ヘンリーと奥さんは来

られないから，来るのは5人。

○ア 5人　　イ 6人
　ウ 7人　　エ 8人

③I have a terrible toothache.「歯がひどく痛い」という発言から判断する。

　ア 俳優と観客　　○イ 歯科医と患者
　ウ 花屋と客　　　エ カメラマンと野球選手

④高速道路の料金を500円払ったのは，タクシーの運転手だと考えられる。

　ア バスで　　　　イ 電車で
○ウ タクシーで　　エ ホテルで

【スクリプト】

① M: May I help you?

W: Oh, yes. This watch looks nice, but $100 seems a little expensive.

M: Let me see. If you buy two, you can get a 50% discount for both.

W: Really? I'll think about it.

Question: How much will she pay if she buys two?

② M: We are almost ready for the party, Emily.

W: Yes. We'll have 7 guests today, so it'll be busy.

M: Henry said he and his wife couldn't come.

W: That's too bad.

Question: How many people are coming to the party today?

③ M: How can I help you today?

W: I have a terrible toothache. I think I have a bad tooth.

M: I see. Let's take a look.

Question: Who are the people talking?

④ M: It is 4,500 yen, ma'am.

W: Here's 5,000 yen.

M: I paid 500 yen for the express way.

W: Oh, yes. Then that'll be 5,000 yen in total, right?

Question: Where does this conversation most likely happen?

【全訳】

①男：何かご用はございますか？

女：ああ，はい。この時計はすてきだけれど，100ドルはちょっと高いようです。

男：そうですね。2つ買えば，両方が50%引きになります。

女：本当に？　考えてみます。

問：2つ買えば，女性はいくら払うことになるか。

②男：パーティーの準備はだいたいできたよ，エミリー。

女：ええ。今日はお客が7人来るから，忙しくなりそうよ。

男：ヘンリーは，自分と奥さんは来られないと言っていたよ。

女：それは残念だわ。

問：今日のパーティーには何人来るか。

③男：今日はどうされましたか？

女：歯がひどく痛いんです。虫歯だと思います。

男：わかりました。見てみましょう。

問：話している人々は誰か。

④男：4,500円になります，お客様。

女：はい，5,000円です。

男：高速道路の料金を500円払いました。

女：ああ，そうですね。じゃあ全部で5,000円ですね？

問：この会話はどこで行われている可能性が最も高いか。

【語句】

ma'am「ご婦人，お嬢さん」（女性への呼びかけの言葉。madam の d の音が消えたもの）

paid ＜ pay「支払う」　express way「高速道路」

in total「総計で」

most likely to do「～する可能性が最も高い」

006	① ウ　② イ　③ エ　④ イ　⑤ ア

【解説】①男性の最初の発言を参照。

　ア 辞書を使うことは大切だ。

　イ 難しい本を読むことは大切だ。

○ウ 辞書なしで読むことは大切だ。

　エ 人々を楽しませることは大切だ。

②女性は14ドルの白いTシャツを買おうとしている。

　ア 12ドル。　　○イ 14ドル。

　ウ 20ドル。　　エ 40ドル。

③女性が「車をロックし忘れた」と言っている状況から考える。

　ア 警察に電話するだろう。

　イ 鍵を買いに行くだろう。

　ウ 車を洗うだろう。

○エ 車に戻るだろう。

④「熱があって頭が痛い」という男性の症状から考える。

ア 胃が痛い。　　○イ　かぜをひいている。
ウ 歯が痛い。　　エ　事故にあう。
⑤女性は最後に I'll call again later.（後でまた電話します）と言っている。
○ア また電話するつもりだ。
　イ 伝言を残すつもりだ。
　ウ 書店へ行くつもりだ。
　エ 伝言を受けるつもりだ。

[スクリプト]

① W: I'd like to try to read an English novel. Can you recommend a book for me?

M: It's important to read without a dictionary. So, I recommend a book with easy words. How about reading this one?

W: A comedy novel? It's too difficult for me, isn't it?

M: No, the words are not so difficult, and you'll enjoy it.

Question: What is the man's advice?

② M: May I help you?

W: Yes, please. This white T-shirt is nice. How much is it?

M: It's 14 dollars.

W: OK, how about that black one?

M: That one is 20 dollars.

W: OK. Then, I'll take the white one.

Question: How much will the woman pay?

③ W: Wait, Paul.

M: What's the matter?

W: I didn't lock the car.

M: You should be careful.

Question: What will they probably do?

④ W: What's the problem, Mr. Brown?

M: Well, I have a fever and a headache.

W: OK. Let's see. Open your mouth and say "Ah."

Question: What does the man probably have?

⑤ W: Hello, this is Hanako speaking. May I speak to George?

M: I'm sorry, but he went to the bookstore to buy a magazine. He will be back at about 3 o'clock. May I take a message?

W: No, thank you. I'll call again later.

Question: What is she going to do?

[全訳]

①女：英語の小説を読んでみたいの。私に1冊勧めてもらえる？

男：辞書を使わずに読むことが大切だ。だから易しい単語の本を勧めるよ。この本を読むのはどうかな？

女：喜劇小説？　私には難しすぎるんじゃない？

男：いや，単語はあまり難しくないから，楽しめるだろう。

問：男性の助言は何か。

②男：何かご用はありますか。

女：ええ，お願いします。この白いTシャツがすてきですね。おいくらですか？

男：14ドルです。

女：わかりました，あの黒いのは？

男：あちらは20ドルです。

女：なるほど。じゃあ，白いのを買います。

問：女性はいくら支払うだろうか。

③女：待って，ポール。

男：どうしたの？

女：車をロックしなかったわ。

男：気をつけなくちゃね。

問：彼らはおそらく何をするだろうか。

④女：どこの具合が悪いですか，ブラウンさん？

男：あの，熱があって頭が痛いんです。

女：わかりました。見てみましょう。口を開けて「アー」と言ってください。

問：男性はおそらく何を持っているか。

⑤女：もしもし，ハナコです。ジョージと話せますか？

男：すまないが，雑誌を買いに書店へ行ったんだ。3時ごろ戻るよ。伝言を聞こうか？

女：いいえ，けっこうです。後でまた電話します。

問：女性は何をするつもりか。

[語句]

recommend「～を勧める，推薦する」
comedy「喜劇」

⑦ 得点アップ

最近はスマートフォンなどで連絡を取り合うのが一般的だが，入試では⑤のような電話のやり取りも時々出題される。次のような電話での会話の慣用表現を覚えておこう。

・May I speak to A?
　（Aさんを（電話口に）お願いします）
・A is out[away] right now.
　（Aはちょうど今外出しています[不在です]）

・Hold on, please.
　(ちょっとお待ちください)
・May [Can] I take a message?
　(伝言をうかがいましょうか)
・May [Can] I leave a message (for A)?
　((Aさんに)伝言をお願いできますか)
・I'll call back later.(後でかけ直します)

---

007 ① ウ ② エ ③ ウ ④ エ

解説 ①タツヤの発言を参照。

ア サンドイッチとサラダを食べるつもりだ。

イ サンドイッチとピザを食べるつもりだ。

○ウ スパゲッティとサラダを食べるつもりだ。

エ スパゲッティとピザを食べるつもりだ。

②ニックは親にペットを買ってもらえないと言っている。

ア 何匹かの犬。　　イ 何羽かの鳥。

ウ 何匹かの魚。　○エ 何も飼っていない。

③メグによれば，2時に駅を出ればコンサート開始時刻(2時半)の10分前にホールに着く。したがって所要時間は20分。

ア 10分。　　イ 15分。

○ウ 20分。　エ 25分。

④サキとジムの最後の発言を参照。

ア 公園で友人とバスケットボールをするだろう。

イ 家族と一緒に遊園地へ行くだろう。

ウ 父親の仕事を手伝うだろう。

○エ 次の日曜日の予定についてサキに伝えるだろう。

スクリプト

①W: This restaurant is very famous for Italian salad, Tatsuya. I'm going to have that salad and a sandwich. What are you going to have?

M: I'll have the salad, too, and spaghetti, Mary.

W: Good. Let's order now.

Question: What is Tatsuya going to eat?

②M: Your dogs are very cute, Kyoko.

W: Thank you, Nick. I also have a bird. Do you have any pets?

M: Well, I want to have one, but I can't. When I was small, I had some fish. I didn't take care of them, so my parents will not buy another pet for me.

W: That's too bad.

Question: What pets does Nick have?

③M: Hello. This is Satoshi.

W: Hello, Satoshi. This is Meg. A music concert will be held at Tsuchiura Orange Hall next Sunday afternoon. It will start at two thirty. Why don't we go?

M: Sounds good.

W: OK. So let's meet at South Station at two and walk to the hall. We'll get there ten minutes before the concert starts.

Question: How long does it take to walk to the hall from the station?

④W: Jim, I'm going to play basketball with my friends in the park next Sunday. Can you join us?

M: Sounds good, Saki, but my family and I will go to an amusement park if my father is free on that day. I'm not sure about that now.

W: Oh, I see. When you decide your plans for next Sunday, please tell me.

M: OK. I'll call you on Saturday afternoon.

Question: What will Jim do next Saturday afternoon?

全訳

①女：このレストランはイタリアンサラダでとても有名なのよ，タツヤ。私はそのサラダとサンドイッチにするわ。あなたは何を食べるの？

男：ぼくもそのサラダと，スパゲッティにするよ，メアリー。

女：いいわ。じゃあ注文しましょう。

問：タツヤは何を食べるつもりか。

②男：君の犬はとてもかわいいね，キョウコ。

女：ありがとう，ニック。私は鳥も飼っているの。あなたは何かペットを飼っているの？

男：そうだね，ぼくも飼いたいけれど，できないんだ。小さいころに魚を飼っていた。ぼくが世話をしなかったから，親が別のペットを買ってくれないんだ。

女：それは残念ね。

問：ニックはどんなペットを飼っているか。

③男：もしもし。サトシです。

女：こんにちは，サトシ。メグよ。音楽コンサートが土浦オレンジホールで次の日曜日の午後に開かれるの。開始は2時半よ。一緒に行かない？

男：いいね。

女：わかったわ。じゃあ，南駅で2時に会って，歩いてホールへ行きましょう。コンサートが始まる10分前に着けるわ。

間：駅からホールまで歩いて行くのにどのくらい時間がかかるか。

④女：ジム，次の日曜日に公園で友だちとバスケットボールをする予定なの。あなたも参加する？

男：いいね，サキ，でもその日は父さんの予定がなければぼくは家族と一緒に遊園地に行くんだ。今はまだわからないな。

女：ああ，なるほど。次の日曜日の予定が決まったら，私に電話して。

男：わかった。土曜日の午後に電話するよ。

間：ジムは次の土曜日の午後に何をするだろうか。

⑦ 得点アップ

数字を含む会話や文章に関する問いの中には，多少の計算を必要とするものもある。その場合は，読み上げられた数字の中に正解があるとは限らない。たとえば③は，読み上げられた会話の中には at two thirty（2時30分）と ten minutes（10分）が含まれるが，正解はウの twenty minutes（20分）である。

---

008 ① エ　② ウ　③ ウ

解説 ①男性の最後の発言から判断する。アの fit は「大きさが合う」の意味。

ア　車が（大きすぎて）駐車場に入らない。
イ　彼は最近バスに乗るのを楽しんでいる。
ウ　車が故障している。
○エ　妻がその車を運転する必要がある。

②男性の最後の発言から判断する。アの pack は「荷造りする」，エの pick up は「～を拾い上げる，取り出す」の意味。

ア　出張の荷造りをするのを手伝うこと。
イ　彼の家のドアに2週間鍵をかけること。
○ウ　彼の魚にえさをやること。
エ　彼の郵便受けから郵便を回収すること。

③女性は最後の発言で you should ask Tom と言っている。

ア　新聞をコピーすること。
イ　新聞をネットで読むこと。
○ウ　トムに尋ねること。
エ　生徒たちに新聞を買ってやること。

スクリプト

①W: Allen, I didn't see your car in the parking lot.

M: I took the bus today.

W: Oh, is there something wrong with your car?

M: No, it's fine.　My wife is going to drive our son to soccer practice later.

Question: Why did the man take the bus?

②M: Hey Vanessa, I have a favor to ask of you.

W: Sure, Tom.　What can I do for you?

M: I'm going on a business trip for 2 weeks.　Can you feed my fish while I'm gone?

W: Of course.　Just drop your key into my mailbox when you're leaving.

Question: What does the man ask the woman to do?

③W: Hello?

M: Hi, Jennifer.　This is Jack.　Do you have a copy of yesterday's "Sunday Sun" newspaper at your house?

W: Sorry, I never buy the newspaper.　I read the news online.　Why?

M: There's an article about my aunt.　I wanted to have a copy.

W: Well, you should ask Tom.　He buys newspapers to have in his classroom for his students.

Question: What does the woman suggest?

全訳

①女：アレン，駐車場であなたの車を見なかったわ。

男：今日はバスに乗ったんだ。

女：まあ，車の調子が悪いの？

男：いや，問題ないよ。妻が後で息子を車でサッカーの練習に連れて行くんだ。

間：男性はなぜバスを使ったのか。

②男：やあ，バネッサ，頼みがあるんだけど。

女：いいわよ，トム。何をすればいいの？

男：2週間出張するんだ。ぼくがいない間，魚にえさをやってくれる？

女：もちろん。出るときに私の郵便受けに鍵を入れておいてくれればいいわ。

間：男性は女性に何をするよう頼んでいるか。

③女：もしもし？

男：やあ，ジェニファー。ジャックだよ。きのうの

『サンデー・サン』紙が君の家に1部あるかい？

女：ごめんなさい，私は新聞を買わないの。ニュースはネットで読むわ。なぜ？

男：ぼくのおばの記事が載っていて。1部ほしかったんだ。

女：じゃあ，トムに聞くといいわ。彼は教室で生徒用に使う新聞を買っているから。

問：女性は何を提案しているか。

語句

parking lot「駐車場」 feed「～にえさをやる」
copy「(印刷物などの)1部」 article「記事」

⑦ 得点アップ

音声は聞き取れても，知らない単語の意味はわからない。また，読み上げ文は聞き取れても，選択肢の意味がわからなければ正解を選ぶことはできない。たとえば②は，正解の選択肢中のfeed(～にえさをやる)の意味を知っておく必要がある。そういう意味で，リスニング問題はリーディング問題の延長であり，語い力が重要なポイントの1つになる。

009	① ウ ② ア ③ ウ ④ ウ ⑤ ア

解説 ①話し手たちは何について話しているか。

ア 男性がなくしたスマートフォン。

イ 男性がなくした傘。

○ウ 天気。

エ ピクニック。

男性が天気を心配して，女性がネットで天気予報を調べようとしている状況。

②ヨウコはこの会話の後で何をするだろうか。

○ア 宿題をするだろう。

イ 夕食を作るだろう。

ウ 夕食を終えるだろう。

エ すぐ家へ帰るだろう。

夕食がもうすぐ用意できると言われて，ヨウコは宿題を終わらせようとしている。

③キョウコは何枚のチケットを買うべきか。

ア 1枚　　イ 2枚

○ウ 3枚　　エ 4枚

映画に行くのはジム，キョウコ，キム，ホセの4人。キョウコによればホセはもうチケットを買っているから，キョウコが買うチケットは3枚。

④彼らは何をするつもりか。

ア 錦城高校を訪ねるつもりだ。

イ 別の学校をネットで見つけようとするつもりだ。

○ウ インターネットで祭りを楽しむつもりだ。

エ 祭りのチケットをキャンセルするつもりだ。

最後の発言に「オンラインのコンテンツが(学校の)ホームページで見られる」とある。

⑤ジョンはおそらく何をするだろうか。

○ア サッカー部のメンバーになるだろう。

イ サッカー部のマネージャーの女の子に会うだろう。

ウ 文化部に入るだろう。

エ 運動部でプレーするのをあきらめるだろう。

最後の発言は，もともとスポーツのクラブに入ることを考えていなかったジョンが，心変わりしてサッカー部に入ることにした，という意味。

スクリプト

① W: Should I take my umbrella with me?

M: I'm not sure. I see some clouds over the mountains.

W: Let's check the forecast online. Where's your smartphone?

M: It's on the shelf in the living room. Thanks, it's a good idea.

② M: Hi, Yoko, did you finish your homework?

W: Not yet. I'm still working on it.

M: The dinner will be ready soon.

W: Ok, I'll finish it in a minute.

③ M: Kyoko, could you buy the tickets for tomorrow's movies for all of us?

W: Sure, Jim. Who else is coming with us?

M: Kim and Jose.

W: I think Jose has already bought his own ticket.

M: Yes. We don't need to get one for him.

④ M: How about going to Kinjo Festival this weekend?

W: That sounds good, but I heard many festivals are canceled this year.

M: So, let me check the website to see if we can join the festival or not.

W: Well … they ask us not to come to the school this year.

M: That's too bad. I really wanted to enjoy it.

W: But it says we can see on-line contents on the website.

⑤W: Hi, John, you are going to join the soccer club, aren't you?

M: Well, to tell the truth, I'm not thinking of a sports club.

W: Really? I heard the girl you've talked about has become a manager of the soccer club.

M: Oh, if so, I'll change my mind.

【全訳】

①女：傘を持って行く方がいい？

男：どうだろう。山の上に雲が見えるね。

女：ネットで天気予報を調べましょう。あなたのスマートフォンはどこ？

男：居間の棚の上だよ。ありがとう，いい考えだ。

②男：やあ，ヨウコ，宿題は終わった？

女：まだ。まだやっているところよ。

男：夕食がもうすぐ用意できるよ。

女：わかった，すぐに終えるわ。

③男：キョウコ，明日の映画のぼくたち全員の分のチケットを買ってくれる？

女：いいわ，ジム。私たちの他に誰が来るの？

男：キムとホセだ。

女：ホセはもう自分のチケットを買ったと思うわ。

男：そうだ。彼の分は買う必要ないね。

④男：今週末，錦城祭りに行くのはどう？

女：いいわね，でも今年はたくさんの祭りが中止になっているそうよ。

男：じゃあホームページをチェックして，祭りに参加できるかどうかを確かめるよ。

女：ええと…今年は学校へ来ないようにと書いてあるわ。

男：それは残念だ。本当に行きたかったのに。

女：でも，オンラインのコンテンツがホームページで見られるそうよ。

⑤女：こんにちは，ジョン，サッカー部に入るんでしょ？

男：ええと，実を言うと，運動部は考えていないんだ。

女：本当に？ あなたが話していた女の子がサッカー部のマネージャーになったそうよ。

男：ああ，それなら，考えを変えよう。

⑦ 得点アップ

英文を読む際，特に会話では，次のような音の変化が生じやすい。

①音がつながる。

②音が消える。

③別の音に変わる。

①については，たとえば②の女性の最初の発言中の working on it の下線部は，n と i の音がつながって「オニット」のように聞こえる。また，このフレーズの中心となる語は working だから，on it の部分は軽く読まれる。女性の２番目の発言の in a minute も，同様に「イナミニット」のように聞こえる。

②については，単語の最初や最後の子音は発音されないことがある。たとえば his は「イズ」，her は「アー」，them は「エム」のように読まれることがある。また，④の男性の２番目の発言中の let me check は，しばしば let の [t] の音が消えて「レッミーチェック」のように聞こえる。

③については，たとえば③の男性の最初の発言中の could you は「クッヂュー」，⑤の女性の最初の発言中の aren't you は「アーンチュー」のように聞こえる。このような音の変化のパターンに慣れておこう。

---

010 ① (1) イ (2) イ ② (1) エ (2) ウ
③ (1) エ (2) ア ④ (1) エ (2) イ

解説 ①(1)女性のバッグはどのようなものか。

ア 小さな四角いピンク色。

○イ 小さな丸いピンク色。

ウ 小さな四角い白色。

エ 小さな丸い白色。

(2)女性のバッグはどこにあるか。

ア 寝室のソファの上

○イ 寝室のテーブルの上

ウ 居間のソファの上

エ 居間のテーブルの上

スクリプトの全訳を参照。以下の問いも同様。

②(1)男性はどの国のチームのシャツを買うだろうか。

ア スペイン　　イ イタリア

ウ フランス　　○エ ドイツ

(2)どれが正しいか。

ア 男性は娘に何か買ってやりたいと思っている。

イ 男性は自分用にTシャツを買うだろう。

○ウ 男性の息子はサッカーの大ファンだ。

エ 男性の息子はサッカーチームのTシャツを1

枚も持っていない。

③(1)ミキはなぜトムに電話しているのか。

ア 彼に助言をするため

イ 彼に教室を見せるため

ウ 彼に次の授業を思い出させるため

○エ 彼に助けを求めるため

(2)ミキはトムと会う前に何をするだろうか。

○ア 教室を掃除する　　イ スピーチをする

ウ 休憩する　　　　　エ 彼の助言を聞く

④(1)男性はいつ休暇を取るだろうか。

ア 6月に　　　イ 7月に

ウ 8月に　　　○エ 9月に

(2)女性は大阪で何をしなかったか。

ア 遊園地へ行く　　○イ 友人の家へ行く

ウ 買い物を楽しむ　　エ 写真を撮る

[スクリプト]

① W: Have you seen my bag?

M: Which one?

W: The small, round and pink one.

M: Oh, I saw it on the table.

W: Thank you.　On the table in the living room?

M: No, in the bedroom.

② W: Hello, may I help you?

M: Hi, I'm looking for a T-shirt for my son. He likes tennis, baseball and basketball. But he especially likes soccer.

W: Sure.　How about this country's team shirt?　Spain is very popular among young people.

M: He's got it already.　Do you have another one?

W: We have more.　Italy, France, Germany.

M: OK, the last one is perfect.　I'll take it.

③ W: Hello, Tom.　This is Miki.　Can we talk now?

M: Hi, Miki.　Sure, what's the matter?

W: Do you have any plans after school tomorrow?　Actually, I'm going to make a speech in English class next week. Could you listen to my speech and give me some advice?

M: Of course, I would love to.　Shall we meet at 2:50?

W: Sorry, but I have to clean our classroom. How about at 3:15?　Is that all right?

M: No problem.　See you tomorrow.

④ W: When are you going to take a vacation?

M: I have to work until the end of August.

W: Oh, you have to work until the end of this month?

M: That's right.　So, it's going to be next month.　How about you?

W: I've already had mine.　I visited Osaka with my friend last week.

M: Did you?　How was it?

W: Great!　We went to a famous amusement park.　We enjoyed the rides, shopping and taking photos there.

M: Wow!　Please tell me the places you recommend.

[全訳]

①女：私のバッグを見た？

男：どのバッグだい？

女：小さくて丸い，ピンクのよ。

男：ああ，テーブルの上で見たよ。

女：ありがとう。居間のテーブルの上？

男：いや，寝室のだ。

②女：こんにちは，いらっしゃいませ。

男：こんにちは，息子用にTシャツを探しています。息子はテニスと野球とバスケットボールが好きです。でも特にサッカーが好きです。

女：わかりました。この国のチームのシャツはどうですか。スペインは若者の間でとても人気があります。

男：息子はそれをもう持っています。別のはありますか。

女：もっとあります。イタリア，フランス，ドイツです。

男：わかりました，最後のが完ぺきです。それを買います。

③女：もしもし，トム。ミキよ。今話せる？

男：やあ，ミキ。いいよ，どうしたの？

女：明日の放課後に何か予定はある？　実は，私は来週の英語の授業でスピーチをする予定なの。私のスピーチを聞いて助言をもらえる？

男：いいとも，喜んで。2時50分に会おうか？

女：ごめんなさい，教室の掃除をしなくちゃならないの。3時15分でどう？　それでいいかしら？

男：いいよ。明日会おう。

④女：いつ休暇を取る予定なの？

男：8月末まで仕事をしなくちゃならないんだ。

女：まあ，今月の末まで仕事があるの？

男：そのとおり。だから，来月になりそうだ。君は

どう？

女：私はもう取ったわ。先週友だちと一緒に大阪へ行ったの。

男：そうなの？　どうだった？

女：よかったわよ！　私たちは有名な遊園地へ行ったの。そこで乗り物や買い物や写真撮影を楽しんだわ。

男：わあ！　君のお勧めの場所をぼくに教えてよ。

【語句】

take a vacation「休暇を取る」

amusement park「遊園地」

ride「（ジェットコースターなどの）乗り物」

recommend「～を推薦する，勧める」

remind O of ～「O に～を思い出させる」

011　① ア　② エ　③ イ

【解説】①女性は I'm going to Haneda と言っている。

○ア 羽田。　　イ 京成高砂。

ウ 成田。　　エ 青砥。

②女性は最後に I'll call her ... と言っている。

ア リンダと一緒に出発する。

イ リンダの財布を置いておく。

ウ リンダの財布を盗む。

○エ リンダに電話する。

③女性の最後の発言から判断する。

ア 彼女はステーキを食べたかった。

○イ 彼女は列に並んで待ちたくない。

ウ 列が速く動きすぎる。

エ そのレストランは大きい。

【スクリプト】

① W: Excuse me, I think I missed my stop. I'm going to Haneda, but we are stopping at Keisei-Takasago station.

M: Well, this train is a limited express train to Narita. You've taken the wrong train.

W: Oh, no. What should I do, then?

M: Get off here and go towards Aoto. From there you can take the airport line.

Question: Where does the woman want to go?

② M: Hey Audrey, is this your purse?

W: No, that's not mine. It's Linda's.

M: Uh oh. She left already. Do you think she will come back for it?

W: I don't know. I should take it with me.

I'll call her to let her know I have it.

Question: What is the woman going to do now?

③ W: Wow! The line for the restaurant is out the door. Are you sure you want to eat here?

M: Well, I was really hoping to have steak tonight.

W: Well, I'm hungry. We should find somewhere else to eat. The line is too long.

M: I'm sure the line will go quickly. It's a big restaurant.

Question: Why does the woman want to eat somewhere else?

【全訳】

①女：すみません，乗り過ごしたようです。羽田へ行くのですが，この電車は京成高砂駅で停車しています。

男：あの，この電車は成田行きの特急です。乗る電車をお間違えです。

女：まあ，大変。じゃあ，どうすればいいですか？

男：ここで降りて青砥方面に行ってください。そこから空港線に乗れます。

問：女性はどこへ行きたいか。

②男：やあ，オードリー，これは君の財布かい？

女：いいえ，それは私のじゃないわ。リンダのよ。

男：しまった。彼女はもう出たんだ。取りに戻って来ると思うかい？

女：わからない。私が持って行く方がよさそうね。私が持っていると電話で彼女に伝えるわ。

問：女性はこれから何をするつもりか。

③女：まあ！　レストランの行列がドアの外にできているわ。本当にここで食事をしたいの？

男：うん，今夜はステーキをすごく食べたかったんだ。

女：でも，私はおなかがすいているの。別の食べるところを見つける方がいいわ。行列が長すぎるよ。

男：きっと行列はすぐ動くよ。大きなレストランだから。

問：女性が別の場所で食事をしたがっているのはなぜか。

【語句】

uh(-)oh「おっと，しまった」（失敗したときなどに思わず口から出る言葉）

012　① エ　② ウ　③ ア　④ ウ　⑤ イ

解説 ①「会話ができない場所」がどこかを考える。教室には普通「会話禁止」という掲示はないから，ウは誤り。

ア レストランで。 イ 体育館[スポーツジム]で。
ウ 教室で。 ○エ 図書館で。

②祖母の説明に合うのはウ。It's A's turn (to do). は「A の[A が〜する]番だ」の意味。

ア 彼がそれをする番だ。
イ カレンはもう2回それをした。
○ウ カレンは試験のために勉強しなければならない。
エ 彼は2回それをすると約束した。

③男性は「映画が既に始まっていてもかまわないから，チケットがほしい」と言っている。

○ア わかりました。9ドルです。
イ わかりました。映画はまもなく始まります。
ウ わかりました。ショーを楽しんでいただけてうれしいです。
エ わかりました。チケットをもらえるといいですね。

④禁煙席が8時以降でないと空かず，9時の閉店まで1時間しかないため，男性は他の店を当たることにした。

ア レストランが8時に閉店する。
イ 禁煙席が1日中利用できない。
○ウ 男性はもっと多く食事をする時間をほしがっている。
エ 男性の友人たちの何人かは，レストランでたばこを吸いたがっている。

⑤歯科医院の受付の女性によれば，4時の予約を30分早めることができる。

ア 3時に。 ○イ 3時30分に。
ウ 4時に。 エ 4時30分に。

スクリプト

① W: Excuse me. I'm going to ask you to leave if you don't keep quiet.
M: But I was just asking my friend to help me with my math homework.
W: I know, but you can't have a conversation here. As the notice says, silence is the rule in this area.
M: Alright. I'm sorry.
Question: Where is this conversation probably taking place?
② W: James, could you do some shopping for me, please?

M: Oh, Grandma! Why do I have to go? It's Karen's turn, isn't it?
W: Yes, it is. But she has to prepare for the exam.
M: OK, but she has to do the shopping the next two times.
Question: Why will James do the shopping this time?
③ M: Can I have one ticket for the five o'clock movie, please?
W: Well, it's 5:10 now, sir. I'm afraid it's already started.
M: I don't mind. I'd still like one.
Question: What will the woman probably say next?
④ (on the telephone)
W: Hello, Nico Diner.
M: Hello. I'd like to reserve a non-smoking table for four people at 7 o'clock.
W: I'm sorry, but all our non-smoking tables are full until 8. And we close at 9.
M: That means we would have only one hour to eat. OK. I'll try somewhere else.
Question: What is the problem?
⑤ (on the telephone)
W: Good morning. ABC Dental Office.
M: Hi. I was wondering if I could change my appointment. I'd like to make it earlier.
W: OK. When is your appointment?
M: It's 4 o'clock in the afternoon tomorrow. Could I come in at 3 o'clock?
W: I'm sorry. It's not available. But you can make it half an hour earlier.
M: That'll be fine with me. I'll see you then.
Question: When will the man see the dentist?

全訳

①女：すみません。静かにしていただけないと退出をお願いすることになります。
男：でもぼくは数学の宿題を手伝ってくれるよう友だちに頼んでいただけです。
女：わかりますが，ここでは会話はできません。掲示にあるように，この区画では黙っているのがルールです。
男：わかりました。すみません。
問：この会話はおそらくどこで行われているか。

②女：ジェームズ，買い物に行ってくれる？

男：えー，おばあちゃん！ どうしてぼくが行かなくちゃいけないの？ 今度はカレンの番だよね？

女：ええ，そうよ。でもカレンは試験の準備をしなくちゃならないの。

男：わかったよ，でも次の2回はカレンが行かなくちゃね。

問：ジェームズは今回なぜ買い物に行くのか。

③男：5時の映画のチケットを1枚いただけますか？

女：あの，今は5時10分です，お客様。もう始まっていますが。

男：かまいません。それでもチケットを1枚ください。

問：女性は次におそらく何と言うだろうか。

④（電話で）

女：もしもし，ニコ・ダイナーです。

男：もしもし。7時に4人で禁煙席を予約したいのですが。

女：申し訳ございませんが，禁煙席は8時まで満席です。それから閉店は9時です。

男：つまり，食事の時間が1時間しかないということですね。わかりました。他の店を当たります。

問：問題は何か。

⑤（電話で）

女：おはようございます。ABC歯科医院です。

男：こんにちは。予約を変更できないかと思っています。もっと早い時間にしたいのです。

女：わかりました。ご予約はいつですか。

男：明日の午後4時です。3時にうかがってもいいですか。

女：申し訳ございません。空きがありません。でも30分早くすることはできます。

男：私はそれでけっこうです。ではそのときに。

問：男性はいつ歯科医の診察を受けるだろうか。

語句

keep quiet「静かにしておく」

help O with ～「Oの～を手伝う」

notice「掲示，看板」

silence「沈黙，黙っていること」 area「区画，地域」

take place「行われる」 reserve「～を予約する」

non-smoking table「禁煙のテーブル[席]」

That means ～.「それは～ということを意味する，つまり～ということになる」

somewhere else「他のどこか」

dental office「歯科医院」

I was wondering if ～.
「～だろうかと思っていたのですが」

appointment「予約，面会の約束」

available「利用できる」

see a dentist「歯科医の診察を受ける」

第1回 実力テスト

1 ①イ ②ア ③ウ ④エ
　　⑤ウ ⑥イ ⑦ア ⑧エ

解説 ①トムは次に何をするだろうか。

　ア レポートを読み終える。

○イ 環境に関する本を見つける。

　ウ 本を売る。

　エ 環境問題を解決する。

　トムは環境問題に関する本を探しており，それらが隣の部屋にあると教えてもらった。

②ナンシーはなぜ遅れているのか。

○ア 交通渋滞で身動きが取れない。

　イ かぜをひいた。

　ウ トムを待っている。

　エ 車で家へ帰った。

　アの be caught in traffic は「交通渋滞に巻き込まれている」という決まり文句。

③ナンシーは今日，どのようにして学校に着いたか。

　ア 車に乗った。　　イ 電車を使った。

○ウ 歩いた。　　　　エ 自転車を使った。

　ナンシーは I walked to school today. と言っている。

④トムが新しいカフェテリアでナンシーと一緒に昼食をとることに同意しないのはなぜか。

　ア 料理があまりおいしくない。

　イ そのカフェテリアは値段が高い。

　ウ 彼は昼食をとらない。

○エ 昼食時に会議がある。

　トムは I have an important lunch meeting（大切な昼食会議がある）と言っている。

⑤男性はどんなサンドイッチをほしがっているか。

　ア チーズとタマネギが入った焼いたチキンサンドイッチ。

　イ チーズとツナが入ったチキンサンドイッチ。

○ウ チーズとトマトが入った焼いたチキンサンドイッチ。

　エ チーズとタマネギが入ったチキンサンドイッチ。

店員との会話から考えて，ウが正解。

⑥女性は何をしているか。

ア　大学を訪ねている。

○イ　新しい家を探している。

ウ　公園へ犬を連れて行っている。

エ　メイン通りを歩いている。

女性は I am looking for a ... apartment（アパートを探している）と言っている。

⑦誰がトムにアップルケーキを作ったか。

○ア　ナンシー。　　　　イ　ナンシーの祖母。

ウ　ナンシーの兄[弟]。　　エ　ナンシーと兄[弟]。

Who made it, Nancy? というトムの質問に，ナンシーは I did, Tom. と答えている。

⑧彼らはどこにいるか。

ア　飛行機の中。　　　イ　車の中。

ウ　映画館の中。　　○エ　レストランの中。

女性の発言中の A table for two は，「2 人で座る 1 つのテーブル」の意味。

スクリプト

① M: Excuse me. I'd like to find some books on the environmental problem.

W: Okay, Tom. We have a lot of those books in the next room. Will you write a report?

M: Yes. I will go and look for the books.

② M: Why are you standing outside in the cold?

W: I'm waiting for Nancy. She will drive me home, but she is late because the traffic has been so heavy.

M: That's too bad. I hope she doesn't take too long.

③ W: I am so tired! I walked to school today.

M: Oh, Nancy, you usually take a train, don't you?

W: That's right. But I'm trying to exercise more.

④ W: Tom, have you stopped by the new cafeteria near the station?

M: No, but I heard it's expensive though the food is good. Have you been there, Nancy?

W: Yes. I'll go there again for lunch tomorrow. Would you like to come with me?

M: Thanks, but I can't. I have an important lunch meeting, so I will probably make and bring my lunch.

⑤ M: Hi, there! What can I get for you?

W: A chicken sandwich. Add cheese and tomato to it, and no onions, please.

M: Okay. Toasted?

W: Yes, please. And I'll take a large iced tea, too.

⑥ M: Can I help you?

W: Yes, please. I am looking for a two-bedroom apartment near the university.

M: Hmm. I have one on Main Street. I think you will like the neighborhood. It's very safe, and there is a park nearby.

W: That sounds nice.

⑦ M: Wow! How delicious this apple cake is! Who made it, Nancy?

W: I did, Tom. I'm happy you like it! Actually, it's my grandmother's recipe. She often made it for my brother and me when we were little. We still love it.

M: Oh, you are so lucky!

⑧ M: How may I help you?

W: A table for two, please. My husband is coming. Oh! Here he is! Could we sit by the window?

M: Yes, of course. This way, please. How is this table?

W: That will be fine. Thanks.

全訳

①男：すみません。環境問題に関する本を何冊か見つけたいのですが。

女：わかりました，トム。隣の部屋にそれらの本がたくさんあります。レポートを書くのですか？

男：はい。本を探しに行きます。

②男：寒い中で君はなぜ外に立っているの？

女：ナンシーを待っているの。私を家まで車で送ってくれることになっているけれど，交通がとても渋滞しているので遅れているのよ。

男：それは大変だね。時間がかかりすぎなければいいね。

③女：すごく疲れたわ！今日は歩いて学校へ来たの。

男：そうなのかい，ナンシー，君はふだんは電車を使うよね？

女：そのとおりよ。でも，もっと運動をしようとしているの。

④女：トム，駅の近くの新しいカフェテリアに立ち

寄ったことはある？

男：いいや，でも，料理はおいしいけれど値段が高いと聞いたよ。君はそこへ行ったことがあるの，ナンシー？

女：ええ。明日の昼食にまた行くわ。私と一緒に来る？

男：ありがとう，でも行けないんだ。大切な昼食会議があるから，たぶん自分の弁当を作って持参するだろう。

⑤男：いらっしゃい！ 何をさしあげましょう。

女：チキンサンドイッチをください。チーズとトマトを入れて，タマネギはなしでお願いします。

男：わかりました。焼きますか？

女：はい，お願いします。それからアイスティーのLももらいます。

⑥男：何かご用はございますか？

女：ええ，お願いします。大学の近くで寝室が2つあるアパートを探しています。

男：そうですね。メイン通りに1つあります。近所は気に入られると思います。とても安全で，近くに公園があります。

女：よさそうですね。

⑦男：わあ！ このアップルケーキは本当においしいね！ 誰が作ったの，ナンシー？

女：私よ，トム。気に入ってくれてうれしいわ！ 実は，おばあちゃんのレシピなの。彼女は兄[弟]と私が小さいころによく作ってくれたわ。私たちは今でもそれが大好きなの。

男：ああ，君はとても運がいいね！

⑧男：いらっしゃいませ。

女：2人用のテーブルを1つお願いします。夫が来ます。ああ！ 来ました！ 窓のそばに座れますか？

男：はい，もちろん。こちらへどうぞ。この席はいかがですか？

女：それでけっこうです。ありがとう。

【語句】

stop by「（途中で）立ち寄る」
lunch meeting「昼食（をとりながら行う）会議」
toast「（パンなど）を焼く，あぶる」

2 ①ア ②イ ③エ ④ア ⑤エ

【解説】①大人2枚なら20ドル，大人と(16歳の)子どもなら15ドルだから，子どものチケット1枚は5ドル。

○ア 5ドル　　イ 15ドル
　ウ 10ドル　　エ 20ドル

②スージーはスミス先生の学校の卒業生だから，イが正しい。ウは「彼女の(学校の)校長」ではないから誤り。

　ア 彼は彼女の先生である。
○イ 彼女は彼の生徒だった。
　ウ 彼は今では彼女の校長である。
　エ 彼女は彼の先生だった。

③2人は昼食の後で劇を見る予定だから，エが正解。

　ア 午前中に遊ぶ。
　イ 午後に遊ぶ。
　ウ 午前中に劇場へ行く。
○エ 午後に劇場へ行く。

④彼の財布に入っていた30ドルはなくなっていた。

○ア 誰かが彼のお金を持って行った。
　イ 彼の財布は行方不明だ。
　ウ 彼は間違った財布を拾った。
　エ 彼はお金を全部使った。

⑤返答から，緑は赤より高いが青よりは安いことがわかる。

　ア 緑＞青＞赤　　　イ 赤＞緑＞青
　ウ 緑＞赤＞青　　○エ 青＞緑＞赤

【スクリプト】

①M: May I help you?
W: Yes, I would like two tickets for the performance.
M: OK. Two adult tickets will be 20 dollars.
W: Actually, my daughter is only 16 years old.
M: Oh, excuse me! In that case the total price is 15 dollars.
Question: How much does a child's ticket cost?

②M: Suzie?
W: Mr. Smith! Long time no see.
M: Yeah, I haven't seen you since you graduated.
W: Are you still at the school?
M: Yes, but no longer teaching, I'm the principal now!
Question: What is Mr. Smith's relationship with Suzie?

③W: Are you free Thursday?
M: Around what time?
W: In the morning?
M: Perhaps. Why do you ask?

W: I was thinking maybe we could see a play.

M: Sounds good, but how about having lunch first?

W: OK.

Question: What is their plan?

④ M: Oh, no!

W: What's the matter?

M: I can't find my wallet.

W: Is that your wallet over there, on the floor?

M: Yes! That's mine. Oh, great, we found it!

W: But wait a minute, did you have any money inside?

M: Yeah, 30 dollars.

W: Sorry, but there is nothing inside. It's empty now.

M: Oh, no ...

Question: What is the problem?

⑤ W: Which shirt is more expensive, the red or the green?

M: The green one. But it's not as expensive as the blue shirt.

Question: What is the sequence, from most expensive to cheapest?

全訳

①男：ご用はございますか。

女：ええ，公演のチケットが2枚ほしいのですが。

男：わかりました。大人2枚で20ドルになります。

女：実は，娘はまだ16歳です。

男：そうですか，すみません！ その場合，合計料金は15ドルです。

問：子どものチケット1枚の値段はいくらか。

②男：スージー？

女：スミス先生！ お久しぶりです。

男：そうだね，君が卒業して以来会わなかった。

女：まだ学校にいるのですか？

男：うん，でももう教えていない，今は校長だ！

問：スミス氏とスージーの関係は何か。

③女：木曜日の予定は空いている？

男：何時ごろ？

女：午前中は？

男：たぶん。なぜ聞くの？

女：一緒に劇を見られればと思っていたの。

男：いいね，でもまず昼食をとるのはどう？

女：いいわ。

問：彼らの計画は何か。

④男：ああ，困った！

女：どうしたの？

男：財布が見つからないんだ。

女：向こうの，床の上にあるのはあなたの財布？

男：そう！ ぼくのだ。ああ，よかった，見つかった！

女：でもちょっと待って，中にお金を入れていたの？

男：うん，30ドルね。

女：気の毒だけど，中には何もないわ。今は空っぽよ。

男：ああ，何てことだ…

問：問題は何か。

⑤女：赤と緑のどちらのシャツの方が値段が高いですか？

男：緑の方です。でも青いシャツほど高くはありません。

問：最も高額なものから最も安いものまでの順序は何か。

語句

Long time no see.「久しぶりです」

graduate「卒業する」 no longer「もはや～ない」

principal「校長」 relationship「（人間）関係」

sequence「順序」 missing「行方不明の」

pick up ～「～を拾い上げる」

⏎ 得点アップ

③では，会話中では play が「（演）劇」の意味の名詞として使われている。一方，誤りの選択肢ア・イ中の play は，「遊ぶ」の意味の動詞である。このように，文章や会話中に出てくる語を選択肢の中で別の意味で使うパターンは，リーディング問題でもよく見られる。

2 適切な応答を選ぶ問題

013 ① イ ② ウ ③ ア ④ イ

解説 ①「最初に（このホテルに）来たのはいつですか」という質問には，過去の特定の時点を答える。アの Some time later. は過去や未来のある時点から見て「その後しばらくして」という意味を表す。

ア しばらくしてからです。

〇イ 15歳のときでした。

ウ 今日でした。

②ファストフード店での店員と客の会話。

ア ここで食べます。

イ 買い物に行きました。

○ウ いいえ，それで全部です。ありがとう。

③「手伝おうか？」という申し出に「だいじょうぶです(一人でできます)」と答えている状況。

○ア だいじょうぶよ，ありがとう。

イ 明日それをするわ。

ウ それをしたいわ。

④ How did it happen? は「それはどのようにして起きたのですか」という意味。

ア きのうだった。

○イ 壁にぶつかったんだ。

ウ トラックがそこへ走って行ったんだ。

スクリプト

① M: How many times have you been to this hotel?

W: It's my third time here.

M: When was the first time you came?

② W: May I help you?

M: I'd like a hamburger and a glass of grape juice, please.

W: Would you like anything else to go with them?

③ M: Katie, shall we go to see a movie this afternoon?

W: Sorry, but I have a lot of things to finish by today.

M: Really? Shall I help you, then?

④ W: What's wrong with your arm?

M: I hurt it during the club activity yesterday.

W: How did it happen?

全訳

①男：このホテルには何回来たことがありますか？

女：これが3回目です。

男：最初に来たのはいつでしたか。

②女：いらっしゃいませ。

男：ハンバーガーとグレープジュースをください。

女：他に何かお付けしますか？

③男：ケイティ，今日の午後に映画を見に行こうか。

女：ごめんなさい，今日までに終えなくちゃならないことがたくさんあるの。

男：本当に？ じゃあ，手伝おうか？

④女：腕をどうしたの？

男：きのうクラブ活動をしていてけがをしたんだ。

女：どうしてそうなったの？

語句

crash into ～「～に衝突する」

014 ① エ ② イ ③ ウ ④ ア ⑤ ウ ⑥ エ

解説 ① How long does it take (to get to the airport)? は「(空港に行くのに)どのくらい時間がかかりますか」という意味(take＝(時間を)必要とする)。

ア 駅の前です。

イ 7時45分です。

ウ 750円です。

○エ 約50分です。

②イは〈Let me ＋動詞の原形.〉で「私に～させてください」という意味を表す。

ア はい，そうです。

○イ ええ，見せてください。

ウ 私は伝票を持っています。

エ それは10分後です。

③ウの watch these は「これらを見張っておく」。たとえば鍋などが吹きこぼれないように注意しておくということ。

ア ええ，おいしいわ。

イ いいえ，私はあなたを手伝えないわ。

○ウ これらを見ていてくれる？

エ 何を作ればいいの？

④「何がほしい？」という質問に「ピザはどう？」と提案している状況。エは it が何を指すのか不明なので不適切。

○ア ピザはどう？

イ いい考えね。

ウ もう行きたいわ。

エ それはほしくないわ。

⑤「そこ[北海道]へ行ったことがありますか」という質問への適切な答えはウ。

ア わあ，すごいね。

イ そこへ行きたいんだ。

○ウ うん，2年前に行ったよ。

エ 札幌でね。

⑥エの Sure. は，「～してもいいですか」という問いに対して「もちろん，いいですよ」と答えるときに使う。

ア その靴のサイズは26です。

イ それは2割引きです。

ウ わずか75ドルです。

〇エ いいですよ。

スクリプト

① W: How will you get to the airport tomorrow?

M: I will take the bus.

W: How long does it take?

② W: Excuse me, Mr. Wilson.

M: Good morning, Sarah.

W: I want you to check my essay. Do you have time?

③ M: What are you doing, Mom?

W: I'm making stew.

M: Can I help you?

④ M: I'm hungry.

W: Me too! Let's get something to eat.

M: What do you want?

⑤ W: Did you have a nice vacation?

M: Yes, I went to Hokkaido.

W: Have you ever been there?

⑥ W: Which of these shoes are on sale?

M: The blue ones are on sale.

W: Can I try them on?

全訳

①女：明日空港へはどうやって行くのですか。

男：バスを使います。

女：どのくらい時間がかかりますか。

②女：すみません，ウィルソン先生。

男：おはよう，サラ。

女：私の作文をチェックしてほしいのです。時間はありますか。

③男：何をしているの，ママ？

女：シチューを作っているのよ。

男：手伝おうか？

④男：おなかがすいた。

女：私も！ 何か食べるものを買いましょう。

男：何がほしいの？

⑤女：休暇は楽しかった？

男：うん，北海道へ行ったんだ。

女：今までにそこへ行ったことはあるの？

⑥女：この靴のどれが特売ですか。

男：青いのが特売です。

女：はいてみてもいいですか。

語句

on sale「特売で」 try 〜 on「〜を試着する」

🔼 得点アップ

「会話の最後の発言に続く文を選ぶ」という形式の問いで，会話の最後が疑問文の場合は，次の2点に注意することが大切。

①Yes / No で答える疑問文か，それとも疑問詞を使った疑問文か。

②疑問詞を使った疑問文の場合，問われているのは何か。

たとえば⑤の最後の発言は Have you ever been there?（あなたは今までにそこへ行ったことがありますか）。これは Yes / No で答える疑問文だから，普通の会話なら Yes か No を使った返答が正解になる（実際に正解は Yes で始まるウである）。なお②⑥では，Yes / No で答える形の質問に対して，Yes. の代わりに Sure.（いいですよ）と返答している。

また，①は How long（どのくらい時間がかかるか），④は What（何）という疑問詞を正しく聞き取れていれば，それに対する具体的な答えが正解だとわかる。

〈015〉 ① エ ② ウ ③ ア ④ イ

解説 ①女性は郵便局への行き方を尋ねているので，郵便局の場所を答えるのが適切。

ア わかったよ。

イ もうそれを君に送ったよ。

ウ 手紙は1通も持っていないよ。

〇エ 通りの真向かいだよ。

②ウの No problem. は，相手の依頼などに対して「問題ありません，かまいません」と承諾するときの決まり文句。

ア どういたしまして。

イ それはお気の毒に。

〇ウ 問題ないわ。

エ いいえ，それは私のよ。

③「パーティーにどんな食べ物を持って行けばいいか」という質問への答えを考える。

〇ア ダンに尋ねる方がいいよ。

イ ぼくはポテトチップスを持って行く方がいい。

ウ 彼はそれをきのう持ってきたよ。

エ 彼は食べ物を買うべきだ。

④「自分はどの駅で降りるのか」という質問への答えを考える。

ア 私はそうは思いません。

〇イ 新横浜駅です。

ウ それは駅前にあります。

エ 私は次の駅で降ります。

スクリプト

① W: Hey, John, where can I mail this letter?

M: There's a post office near the school.

W: How do I get there?

② M: Hi, Jenny, I forgot my pencil at home. What should I do?

W: You can borrow one of my pencils.

M: Really? Are you sure that's okay?

③ W: Are you going to Dan's party tomorrow night?

M: Yes. What kind of food will you bring?

W: I'm not sure yet. What kind of food should I bring?

④ M: Excuse me, which train goes to Yokohama Arena?

W: You have to take the Yokohama Line.

M: Which station do I get off at?

全訳

①女：こんにちは，ジョン，この手紙はどこで投函すればいい？

男：学校の近くに郵便局があるよ。

女：そこへはどうやって行けばいいの？

②男：やあ，ジェニー，家に鉛筆を忘れたんだ。どうすればいいかな？

女：私のを1本貸してあげる。

男：本当？本当にいいの？

③女：明日の夜，ダンのパーティーに行くの？

男：うん。君はどんな食べ物を持って行くの？

女：まだよくわからないわ。どんな食べ物を持って行けばいい？

④男：すみません，横浜アリーナへ行くのはどの電車ですか。

女：横浜線に乗る必要があります。

男：どの駅で降りるのですか。

---

016 ① ア ② イ ③ ウ ④ イ ⑤ エ

解説 ①質問の文は「今日テストはないのですか[あるんじゃないですか]？」という意味。一般に否定疑問文は，イエスの答えを期待して使う。

○ア 先生は来週だと言いました。

イ はい，私の点は悪かったです。

ウ テストのために猛勉強しなければなりません。

エ 今日テストの結果がわかります。

②「彼女が悲しそうに見える」理由を答える。

ア 彼女はとても動揺しています。

○イ 彼女はボビーとけんかをしました。

ウ 彼女はうれしいからです。

エ 彼女は泣いていると思います。

③店の開店時刻を答える。

ア 1時間です。

イ 月曜日から金曜日までです。

○ウ 日によって違います。

エ 店は閉まっています。

④イは最初に No.(いいえ，あれは私の姉[妹]ではありません)と答えるのが普通だが，この返答では省略されている。

ア いいえ，彼女は私の姉です。

○イ 私には姉妹はいません。

ウ 私の家族は全員以前ここにいました。

エ 私には2人の兄弟と1人の姉[妹]がいます。

⑤「天気が悪ければ何をするか」を答える。

ア もちろん，傘を持ってきました。

イ 晴れないでしょう。

ウ たぶん雨が降るでしょう。

○エ たぶん室内にいます。

スクリプト

① Don't you have a test today?

② Why does she look sad?

③ What time does the store open?

④ Is that your sister over there?

⑤ What will you do if the weather is bad?

全訳

①今日テストはないのですか？

②彼女はなぜ悲しそうなのですか。

③その店は何時に開きますか。

④向こうのあの人はあなたのお姉さん[妹]ですか。

⑤天気が悪ければあなたは何をするつもりですか。

語句

depend on ~「~しだいだ，~に左右される」

---

017 ① a ② c ③ b ④ c ⑤ b
⑥ a ⑦ b ⑧ a ⑨ c ⑩ b

解説 全訳を参照。

スクリプト

① When is the piano concert going to start?

a. At noon.

b. In the hall over there.

c. Yes, this is an expensive piano.

② How often do you visit your grandparents?

a. We went to the zoo.

b. They live in London.

c. About once a month.

③ You've already finished your homework, haven't you?

a. I've already left school.

b. Not yet. I need more time.

c. The difficult problems were solved.

④ I'm so worried. What can I do?

a. That will be fine.

b. Yes, you can do that now.

c. Ask your teacher for help.

⑤ Where is the post office?

a. It's quite a new building.

b. It' s across from the park.

c. It's easy to go there.

⑥ Shall I close the window?

a. No, thank you. It's fine.

b. You should not break the window.

c. Don't open the window.

⑦ Who are you waiting for?

a. At the nearest bus stop.

b. My new classmate.

c. For half an hour.

⑧ Why did you come to school early today?

a. To talk with my teacher.

b. At six in the morning.

c. I'm sorry, but I can't.

⑨ Which one is your bag?

a. I'll show you another one.

b. Please walk back.

c. The one on the right.

⑩ I think your dog will be fine in a few days.

a. You are sad today, aren't you?

b. Thank you, that's good to know.

c. No, I don't like cats.

[全訳]

①ピアノコンサートはいつ始まる予定ですか。

○a. 正午です。

b. 向こうのホールです。

c. はい，これは高価なピアノです。

②あなたはどのくらいの頻度で祖父母の家を訪ねますか。

a. 私たちは動物園に行きました。

b. 彼らはロンドンに住んでいます。

○c. だいたい月に一度です。

③もう宿題は終わりましたね？

a. もう学校を出ました。

○b. まだです。もっと時間が必要です。

c. 難しい問題は解かれました。

④私はとても心配です。私には何ができますか。

a. それでけっこうです。

b. ええ，今それをすることができます。

○c. 先生に助けを求めなさい。

⑤郵便局はどこにありますか。

a. それはかなり新しいビルです。

○b. 公園の向かいです。

c. そこへ行くのは簡単です。

⑥窓を閉めましょうか。

○a. いいえ，けっこうです。だいじょうぶです。

b. 窓ガラスを割るべきではありません。

c. 窓を開けてはいけません。

⑦あなたは誰を待っているのですか。

a. 最寄りのバス停で。

○b. 新しいクラスメイトです。

c. 30分です。

⑧今日はなぜ早く登校したのですか。

○a. 先生と話すためです。

b. 午前6時に。

c. すみませんが，できません。

⑨どれがあなたのバッグですか。

a. 別のをお見せしましょう。

b. 歩いて戻ってください。

○c. 右のです。

⑩あなたの犬は2，3日でよくなると思います。

a. あなたは今日は悲しいですね？

○b. ありがとう，それを知ってよかったです。

c. いいえ，私はネコが好きではありません。

---

018 ① イ ② ア ③ ウ ④ エ ⑤ ウ

[解説] ①「友だちをパーティーに誘っていいか」という問いに「もちろん(いいですよ)」と答えている状況。

ア 私の友だちのことは心配しないで。

○イ もちろん。楽しくなるわ。

ウ あなたのお兄さん[弟]の誕生日よ。

エ 申し訳ないけどパーティーはないわ。

②ウは，No. I have enough food.（いいえ。食べ物は十分にあるわ）と答えるのが自然。

○ア ああ，待って。私も一緒に行くわ。

イ　私の車を使ってほしくないわ。

ウ　ええ，でも食べ物は十分にあるわ。

エ　いいえ，運転はしたくないわ。

③エは that が直前の Ashley Chang を指すように聞こえるので不自然（これは last name ではなく，first name と last name である）。また，that が Chang を指していると考えた場合，男性は last name をたずね，女性の返答に対し，「それが first name なの？」と聞き返すのはおかしい。

ア　名簿は持っていないわ。

イ　彼女は新メンバーじゃないわ。

○ウ　それはどうやってつづるの？

エ　それが彼女の名前なの？

④エは，はっきりと，誰とは聞いていないけれど，両親の友人のうちの誰かが来ることになっているという意味。

ア　サンフランシスコのいとこを訪ねるの。

イ　おじさんの家族と一緒にキャンプに行くの。

ウ　おじいちゃんとおばあちゃんがテキサスから訪ねてきたわ。

○エ　まだ知らないの。両親の友人の何人かね。

⑤読書や料理や旅行などが好きなジェーンに，料理の本を買ってあげようとしている状況。

ア　君はハリー・ポッター・シリーズが好きかい？

イ　いや，ぼくは料理はあまり得意じゃない。

○ウ　じゃあ，料理の本はどうかな？

エ　旅行用バッグを買ったよ。

[スクリプト]

①M: Do you have any plans for the weekend?

W: Oh, I was just going to ask you. I'll have a party at my house on Sunday. Can you come?

M: Sure! Can I invite some of my friends, too?

②M: Can I use your car now?

W: Sure. Where are you going?

M: I'm going to the supermarket. Do you want anything?

③W: Have you made a name list of the new members?

M: It's almost done. Hey, do you remember a girl named Ashley? What's her last name?

W: It's Chang. Ashley Chang.

④M: My classmates and I are planning to go camping this weekend. Will you join us?

W: I'd love to, but I can't. We are having some guests over the weekend.

M: That sounds nice. Who's visiting you?

⑤W: Have you bought a birthday present for Jane?

M: Not yet. I don't know what I should get for her … Any good idea?

W: Well, she likes reading, cooking, traveling and things like that.

[全訳]

①男：週末の予定は何かある？

女：まあ，ちょうどあなたに聞こうと思っていたところよ。日曜日にうちでパーティーをするの。来られる？

男：もちろん！友だちを何人か誘ってもいい？

②男：今から君の車を使ってもいい？

女：いいわ。どこへ行くの？

男：スーパーマーケットだよ。何かほしいものはある？

③女：新メンバーの名簿は作った？

男：だいたいできたよ。ところで，アシュリーという名の女の子を覚えているかい？彼女の名字は何だったかな。

女：チャンよ。アシュリー・チャン。

④男：クラスメイトたちと今週末にキャンプに行く計画を立てているんだ。一緒に来る？

女：行きたいけど，行けないわ。週末はお客が来るから。

男：それはいいね。誰が訪ねてくるの？

⑤女：ジェーンへの誕生日プレゼントはもう買った？

男：まだだよ。何をあげたらいいかわからない…。何かいいアイデアがある？

女：そうね，彼女は読書や料理や旅行などが好きだわ。

---

019 ①エ　②イ　③ウ　④ウ　⑤エ

[解説] ①キャシーがデイブの家に電話をかけている状況。エの hold on は「（電話を切らずに）待つ」という意味。

ア　どういたしまして。デイブは元気だよ。

イ　うん，話せるよ。デイブは電話中だ。

ウ　すまないが，デイブは今家にいるんだ。

○エ　いいとも。ちょっと待っていて。

②女性の最後の発言から，彼女の新しいペットは，

歩いたり飛んだりする動物ではないことがわかる。

ア わあ，犬をもらったんだね！

〇イ ああ，色のきれいな魚だ！

ウ わあ！ きれいな鳥だ。

エ 君がもらったのはぼくのと同じ種類のネコだ！

③ジェニーは今日の会合に出られなかったので，次の会合に出ようとしている，という状況。

ア きのう行われたと思うよ。

イ 会議室でメールを送ることはできないよ。

〇ウ ちょっと待って。調べてみる。

エ ぼくは会合に出席したい。

④ファストフード店での店員と客の会話。Anything else? は「他に何かご注文はありますか」と店員が客に尋ねるときの決まり文句。

ア わかりました。

イ どういたしまして。

〇ウ それで全部です。ありがとう。

エ あなたに賛成です。

⑤French teacher は，アクセントの位置をFrénch teacher と読めば「フランス語の先生」，French téacher と読めば「フランス人の先生」の意味になる。この会話では男性が「英語も上手に話す」と言っているので，「フランス語の先生」の意味。

ア 彼は日本でフランス語を教えていたんだ。

イ 彼はイングランドへ引っ越すことになっているんだ。

ウ 彼はニューヨークへ旅行したんだ。

〇エ カナダ人だそうだよ。

[スクリプト]

①W: Hello. This is Cathy Hamilton, Dave's friend from school.

M: Hi, Cathy. He is always talking about you, and I've wanted to talk to you for a long time.

W: Thank you very much, Mr. Turner. I'm looking forward to meeting you soon. Well, can I speak to Dave now?

②W: Hey, John! Did I tell you about my new pet?

M: No. Your mom said you couldn't have pets in your house, right?

W: Well, she said we couldn't have animals that walk or fly. Here, I will show you a picture of it.

③W: Hi, Kosuke. What's the matter?

M: You didn't come to the meeting after lunch, Jenny. Where were you?

W: I'm very sorry. I was sending e-mails in the computer room. Do you remember when we will have the next meeting?

④W: Can I take your order?

M: Yes. I'd like a cheeseburger, large French fries, and a coffee, medium.

W: I'll repeat your order. One cheeseburger, large French fries, and a medium coffee.

M: Right.

W: Anything else?

⑤W: What do you think of the new French teacher?

M: Mr. Simon? I like him. He speaks really good English, too.

W: Where is he originally from?

[全訳]

①女：もしもし。キャシー・ハミルトンです。デイブの学校の友だちです。

男：やあ，キャシー。デイブがいつも君のことを話していて，君と話したいとずっと思っていたんだ。

女：ありがとうございます，ターナーさん。もうすぐ会えるのを楽しみにしています。それで，今デイブと話せますか？

②女：こんにちは，ジョン！ 私の新しいペットのことを話したかしら？

男：いいや。君のお母さんは，家でペットを飼っちゃいけないと言っていたよね？

女：あのね，ママは歩いたり飛んだりする動物を飼っちゃいけないと言ったの。ほら，私のペットの写真を見せてあげる。

③女：こんにちは，コウスケ。どうしたの？

男：君は昼食の後で会合に来なかったね，ジェニー。どこにいたの？

女：本当にごめんなさい。コンピュータ室でメールを送っていたの。次の会合はいつか覚えている？

④女：ご注文はお決まりですか？

男：はい。チーズバーガー，フライドポテトのL，コーヒーのMをください。

女：ご注文をくり返します。チーズバーガー，フライドポテトのL，コーヒーのMですね。

男：そうです。

女：他に何かご注文は？

⑤女：新しいフランス語の先生をどう思う？

男：サイモン先生かい？ ぼくは彼が好きだよ。英語も本当に上手に話すし。

女：生まれはどこなの？

[語句]

originally「本来は，生まれは」

第2回 実力テスト

---

1 ① イ　② ア　③ ウ

[解説] ①相手が勉強時間を増やそうとしている理由を尋ねている状況。

ア 英語を話せるの？

〇イ なぜそんなに真剣なの？

ウ 彼は夕食後に宿題をする。

エ 彼はもっと速く宿題をするだろう。

②keep in touch は「連絡を取り合い続ける」という決まり文句。

〇ア 連絡を取り合いましょう！

イ 君は全部上手にやらねばならなかった。

ウ あなたの国のことを覚えています。

エ それは実現するでしょう。

③普通は卵の個数を答えるが，この返答では「卵が足りない」という答えを省いている。アは one = egg と解釈できるが，持って行く卵は4つだから少なくとも ones にする必要がある。

ア 小さい方がいいよ。

イ 私たちは4回そうした。

〇ウ 後でもっと買いに行くよ。

エ いいえ，私にはそれらは必要ありません。

[スクリプト]

①I have decided to study more! I will do my English homework first!

②I'll never forget your kindness even after going back to my country. Thank you for everything.

③How many eggs do we have in our kitchen? We have to bring four eggs to Jimmy's party.

[全訳]

①もっと勉強することに決めた！ 英語の宿題を最初にやろう！

②帰国した後もあなたのご親切は決して忘れません。いろいろありがとうございました。

③台所に卵はいくつある？ ジミーのパーティーに4つ持って行かなくちゃならない。

---

2 ① ア　② ウ　③ エ

[解説] 全訳を参照。

①定型的な表現のアを使う。

〇ア すみませんが，当店では現金のみ扱っています。

イ それは役に立ちません。

ウ この靴は本当にあなたに似合います。

エ こちらはいかがですか。

②ア この町のコーヒーは有名です。

イ 1時間は長すぎます。

〇ウ 通りの向こうに喫茶店があります。

エ バスを待つ必要はありません。

③エは「動物園の混雑がおさまるまで待つ方がいい」ということ。

ア きのう行ったよ。

イ うちの近くだ。

ウ バスを使えるよ。

〇エ じゃあ，たぶん待つ方がいいね。

[スクリプト]

①W: Excuse me. How much are these shoes?

M: They're 50 dollars. They're actually on sale today.

W: That's not bad. Can I use a credit card?

②W: Excuse me. Do you know when the next bus for London is coming?

M: I think you have to wait one more hour.

W: Oh, do you know where I can get a cup of coffee while I'm waiting?

③W: Did you hear that the zoo in our city got a new panda?

M: I didn't know that! We should go see it this weekend.

W: It will probably be very crowded for the next few weeks, though.

[全訳]

①女：すみません。この靴はおいくらですか？

男：50ドルです。実は今日は特売です。

女：悪くないですね。クレジットカードは使えますか？

②女：すみません。ロンドン行きの次のバスがいつ来るかご存知ですか。

男：もう1時間待たねばならないと思います。

女：そうですか，待っている間にコーヒーを1杯飲めるところをご存知ですか。

③女：私たちの市の動物園が新しいパンダをもらったって聞いた？

男：それは知らなかった！ この週末に見に行かなくちゃ。

女：でも，これから2，3週間はたぶんとても混雑していると思うわ。

語句
accept「～を受け入れる」 cash「現金」
suit「～に似合う」

3 ①ア ②エ ③イ ④ア ⑤ウ

解説 全訳を参照。

①○ア 花火がもうすぐ始まります。
　イ 誰かがドアを閉め忘れました。
　ウ 人々は家でテレビを見ています。
　エ 母と一緒に買い物に行くところです。
②　ア あなたは制服を着ています。
　イ あなたのメガネを使えば私はもっとよく見えます。
　ウ あなたは目がいいです。
　○エ ピンクの方がよかったと思います。
③　ア 宿題は終わったよ。
　○イ 先生はきのう宿題を出したよ。
　ウ 君は明日自分の宿題をしているだろう。
　エ 彼にはやるべき宿題がある。
④○ア 本当に？ 何をしたの？
　イ 君はそう思わない。
　ウ 今週末に出かけるのはどう？
　エ 先週の方が今週よりよかった。
⑤　ア その店には日本食はないよ。
　イ たくさんの中華料理があるよ。
　○ウ イタリア料理がいいな。
　エ 君はメキシコ料理を食べるのだと思った。

スクリプト
① Why are there so many people here?
② How do I look?
③ W: Did you finish your homework?
M: We don't have any, do we?
④ M: I had the best weekend last week.
W: I think mine was better.
⑤ W: How about going out to dinner tonight?
M: OK. What do you feel like having?

全訳
①ここにはなぜこんなにたくさんの人がいるのですか。
②私はどのように見えますか[(この服は)似合いますか]。
③女：宿題は終わった？
男：宿題はないよね？
④男：先週の週末は最高だった。
女：私の週末の方がよかったと思う。
⑤女：今晩は外食しない？
男：いいよ。何を食べたい？

語句
fireworks「花火」

3 絵や図表を使った問題

020 ①イ ②エ

解説 ①最後に女性が机の下で見つけたものがトムの鍵だった。したがってイが正解。
②2人の会話から，飲む人数が多いのは「牛乳＞コーヒー＞お茶」であり，オレンジジュースを飲む生徒は2人である。したがってエが正解。

スクリプト
① W: Tom, what are you looking for?
M: I'm looking for my key. I usually put it on the desk, but it's not there.
W: Well, I have seen it on the bed or by the window before.
M: I have already checked those places.
W: Look. There is something under the desk. What's that?
M: Oh, it's my key! Why is it there?
Question：Where is Tom's key?
② W: Mr. Jones, look at this graph. I asked my classmates what they drink with breakfast.
M: Milk is the most popular, right?
W: Yes. I didn't think milk would be so popular.
M: Kana, what do you drink?
W: I drink tea, but coffee is more popular than tea. What do you drink?
M: I drink orange juice.
W: In my class, only two students drink

orange juice.

M: I see.

Question: Which graph are Mr. Jones and Kana looking at?

全訳

①女：トム，何を探しているの？

男：鍵を探しているんだ。ふだんは机の上に置くけど，そこにないんだよ。

女：あのね，前にベッドの上か窓のそばで見たわよ。

男：そのへんはもう確認したよ。

女：見て。机の下に何かあるわ。あれは何？

男：ああ，ぼくの鍵だ！　なぜあそこにあるんだろう？

問：トムの鍵はどこにあるか。

②女：ジョーンズ先生，このグラフを見てください。私はクラスメイトに，朝食と一緒に何を飲むかを尋ねました。

男：牛乳が一番人気があるね？

女：はい。牛乳がそんなに人気があるとは思いませんでした。

男：カナ，君は何を飲むの？

女：私はお茶を飲みますが，コーヒーの方がお茶より人気があります。先生は何を飲みますか？

男：私はオレンジジュースを飲むよ。

女：私のクラスでは，オレンジジュースを飲むのは2人だけです。

男：そうだね。

問：ジョーンズ先生とカナはどのグラフを見ているか。

---

021 ｴ

解説　2人の発言の内容から，日本の牛肉の輸入量は，アメリカ，オーストラリア，ニュージーランド，カナダの順に多かったことがわかる。したがってエが正しい。

スクリプト

M: Japan imported beef from several countries last year.

W: I guess we imported the largest amount of beef from the U.S., and the second largest from Canada.

M: No, the second was Australia, the third was New Zealand and then Canada came next.

Question: Which graph best fits the conversation?

全訳

男：日本は昨年，数か国から牛肉を輸入しました。

女：アメリカからの牛肉の輸入量が一番多く，2番目に多かったのはカナダだと思います。

男：いや，2番目はオーストラリア，3番目はニュージーランドで，カナダはその次でした。

問：どのグラフが最も会話に合うか。

---

022 ① ｴ　② ｱ

解説　①「彼らは土曜日には何時に朝食をとることになるか」。表を見ると，土曜日にできる活動はヨガのみ。女性が「活動の後で朝食をとろう」と言っているので，彼らが朝食をとるのはヨガが終わる7時20分より後になる。したがってエが正解。
②「彼らは日曜日にはどのコースを選択することになるか」。会話の内容から，この会話は金曜日に行われていることがわかる。つまり日曜日とは「あさって」のこと。表から考えて日曜日にできる活動はハイキングと絵画だが，男性が最後に「遠くまで歩きたい」と言っており，女性は「あなたは絵のコースは選択しないわね」と言っていることから，アが正解。

スクリプト

M: So, which course are we going to take tomorrow?

W: I want to exercise because I haven't been getting much exercise recently. Tomorrow is Saturday and I want to go shopping in the afternoon. So, we can take this course.

M: All right. What time will we have breakfast?

W: Let's have breakfast after our activity.

M: Sounds good! What about the day after tomorrow?

W: Let me see. Let's do something you like.

M: Really? Great! I'd like to go for a long walk outside and enjoy the nature here.

W: OK, so you're not taking the painting course. Fine.

全訳

男：じゃあ，明日はどのコースにしようか？

女：私は最近あまり運動していないから，運動したいわ。明日は土曜日で，午後は買い物に行きたいの。だからこのコースが選べるわ。

男：わかった。朝食は何時にする？

女：活動の後で朝食にしましょう。

男：いいね！　あさってはどう？

女：ええと。あなたの好きなことをしましょう。

男：本当に？　いいね！　ぼくは外で遠くまで歩いて，ここの自然を楽しみたいんだ。

女：なるほど，じゃああなたは絵のコースは選択しないわね。それでいいわ。

【語句】

exercise「運動(する)」　activity「活動」

023 　① b　② b　③ a　④ d　⑤ c

【解説】全訳を参照。

③leg は太もものつけ根(またはひざ)からくるぶしの部分までを指す。その下(くるぶしから足先まで)が foot。

④football は，アメリカ英語ではアメリカンフットボール，イギリス英語ではサッカーの意味で使う。

【スクリプト】

それぞれの写真について，a, b, c, d の4つの英文が1回放送されます。写真の内容を最も適切に描写しているものを，a から d の中から選びなさい。

① a. The woman is riding on a train.

　b. The woman is training in a gym.

　c. The woman is enjoying dancing.

　d. The woman is holding a bag.

② a. The dog is under the table.

　b. The dog is in the cup.

　c. The dog is on the sofa.

　d. The dog is in the basket.

③ a. The animal has a long neck.

　b. The animal has long ears.

　c. The animal has short legs.

　d. The animal has big feet.

④ a. We play football here.

　b. We play basketball here.

　c. We play volleyball here.

　d. We play baseball here.

⑤ a. We use this when we are sick.

　b. We use this when we take a bath.

　c. We use this when we take a photograph.

　d. We use this when we write a letter.

【全訳】

①　a. 女性は電車に乗っている。

　○b. 女性はジムでトレーニングをしている。

　c. 女性はダンスをして楽しんでいる。

　d. 女性はバッグを抱えている。

②　a. 犬はテーブルの下にいる。

　○b. 犬はカップの中にいる。

　c. 犬はソファの上にいる。

　d. 犬はかごの中にいる。

③○a. その動物は長い首を持っている。

　b. その動物は長い耳を持っている。

　c. その動物は短い足を持っている。

　d. その動物は大きな足を持っている。

④　a. 私たちはここでフットボールをする。

　b. 私たちはここでバスケットボールをする。

　c. 私たちはここでバレーボールをする。

　○d. 私たちはここで野球をする。

⑤　a. 私たちは病気のときこれを使う。

　b. 私たちは入浴するときこれを使う。

　○c. 私たちは写真を撮るときこれを使う。

　d. 私たちは手紙を書くときこれを使う。

024 　① ウ　② ア　③ ウ　④ エ　⑤ イ

【解説】①マークによれば今日は木曜日であり，火曜日からずっと雨が続いている。したがって，きのうの天気は雨である。

②an inviting cat は「招きネコ(招く性質を持つネコ)」の意味。

③最後の「車を運転している人々はそれを使うべきではない」などから考えて，ウ(スマートフォン，携帯電話)が正解。

④最初の「しばしばペットとして飼われる」などから，エ(犬)が正解。

⑤最後の文は「マミもその日[＝土曜日]は(塾に)行かなかった」の意味(S didn't 〜, either. ＝「Sもまた〜しなかった」)。したがって，2人とも土曜日に○が入っていないイが正解。

【スクリプト】

①Reiko: Hi, Mark.　The weather is bad today.

Mark: Yes, Reiko.　It's rainy and a little cold.

Reiko: We haven't seen the sun for a few days.

Mark: You're right.　Today is Thursday.　It was cloudy on Monday, and it has been rainy since Tuesday.

Question: How was the weather yesterday?

② This is a kind of doll welcoming people or bringing good luck and money.　Its name means "an inviting cat."

Question: What is it?

③ This is something used for communication. We can take it outside and get a lot of information.　However, people driving a car should not use it.

Question: What is it?

④ This is a kind of animal which is often kept as a pet.　It's also useful for people. It can find dangerous things in many places, for example, at the airport.　It can help people who cannot see.

Question: What animal is this?

⑤ Eri and Mami go to *juku*.　Last week, Eri studied at *juku*, but not every day.　She didn't go to *juku* on Saturday.　Mami didn't go on that day, either.

Question: Which chart shows this?

全訳

①レイコ：こんにちは，マーク。今日は天気が悪いわね。

マーク：そうだね，レイコ。雨が降っていて，ちょっと寒いよ。

レイコ：ここ2，3日，太陽を見ていないわ。

マーク：そうだね。今日は木曜日だ。月曜日が曇りで，火曜日からずっと雨だね。

問：きのうはどんな天気だったか。

②これは人々を歓迎したり幸運やお金をもたらしたりする人形の一種である。その名前は「招くネコ」を意味する。

問：それは何か。

③これは通信に使われるものである。私たちはそれを外へ持ち出して多くの情報を得ることができる。しかし，車を運転している人は使うべきではない。

問：それは何か。

④これはしばしばペットとして飼われる動物の一種である。それは人の役にも立つ。それは多くの場所，たとえば空港で，危険なものを見つけることができる。それは目の見えない人を助けることができる。

問：これはどんな動物か。

⑤エリとマミは塾に通っている。先週，エリは塾で勉強したが，毎日ではなかった。彼女は土曜日には塾へ行かなかった。マミもその日は行かなかった。

問：これを示しているのはどの図か。

025 ① 4　② 1　③ 2　④ 2　⑤ 3　⑥ 3

解説　① lying は lie(横になる，寝る)の現在分詞。

②2は cut the cake into two pieces(ケーキを切って2切れに分ける)という形がもとになっている。4の has been served は現在完了形(has＋過去分詞)と受動態(be＋過去分詞)を組み合わせた形で，「(ケーキが)出されるという出来事が完了している」ということ。

③ row a boat(ボートをこぐ)という表現がポイント。

④3以外は現在進行形の文なので，たとえば1の are getting into ～は「～に入っているところだ」という意味になる点に注意。

⑤絵の中で最も目立つのは horn(ホルン)だが，2は正しくない。

⑥4の balcony とは，建物の上階から張り出した一部のこと。

スクリプト

① Look at the picture marked number ①.

1　A cat is looking out of the window.

2　A cat is eating some food.

3　A cat is going into a room.

4　A cat is lying on the floor.

② Look at the picture marked number ②.

1　A fork is on the plate.

2　The cake is cut into two pieces.

3　There is an empty plate on the table.

4　The cake has been served with a glass of milk.

③ Look at the picture marked number ③.

1　A man and a woman are pulling a boat.

2　A man is rowing a boat with the number "six" on it.

3　There are many boats in the river.

4　There is a line of birds swimming alongside.

④ Look at the picture marked number ④.

1　Some penguins are getting into the water.

2　A woman is holding a penguin in her arm.

3　There are some penguins lying on the ground.

4　All of the penguins are looking in the

same direction.

⑤ Look at the picture marked number ⑤.

1 It is snowing heavily on the mountain.

2 A long horn has been left on the ground.

3 A man is standing on the grass.

4 No clouds can be seen in the sky.

⑥ Look at the picture marked number ⑥.

1 A person is crossing the street on a bike.

2 A lot of cars are parked in front of a building.

3 There are several tall buildings on the street.

4 Some people are standing on the balcony of a building.

【全訳】

①1番の絵を見なさい。

1 1匹のネコが窓の外を見ている。

2 1匹のネコが食べ物を食べている。

3 1匹のネコが部屋に入っている。

○4 1匹のネコが床に横たわっている。

②2番の絵を見なさい。

○1 1本のフォークが皿の上にある。

2 ケーキは2つに切られている。

3 テーブルの上に空っぽの皿がある。

4 ケーキはグラスに入ったミルクと一緒に出されている。

③3番の絵を見なさい。

1 1人の男性と1人の女性がボートを引っ張っている。

○2 1人の男性が「6」という番号のついたボートをこいでいる。

3 川に多くのボートがある。

4 一列になった鳥が横を泳いでいる。

④4番の絵を見なさい。

1 何匹かのペンギンが水に入っているところだ。

○2 1人の女性が腕に1匹のペンギンを抱えている。

3 何匹かのペンギンが地面に横たわっている。

4 全部のペンギンが同じ方向を見ている。

⑤5番の絵を見なさい。

1 山に大雪が降っている。

2 1本の長いホルンが地面に残されている。

○3 1人の男性が草の上に立っている。

4 空には雲は1つも見られない。

⑥6番の絵を見なさい。

1 1人の人が自転車に乗って通りを横切っている。

2 多くの車が1つのビルの前に駐車されている。

○3 通りにはいくつかの高いビルがある。

4 何人かの人々がビルのバルコニーに立っている。

【語句】

plate「皿」 empty「空っぽの」

serve「(飲食物)を出す」 pull「～を引っ張る」

alongside「横に，並んで」 penguin「ペンギン」

hold「～を抱く，抱える」

in the same direction「同じ方向へ」

snow heavily「大雪が降る」

horn「ホルン，角(笛)」 park「～を駐車する」

balcony「バルコニー，張り出し席」

⑦得点アップ

絵や写真の正しい説明を選ぶ問題では，絵や写真の中で目立つものを語っている文が正解だとは限らない。特に「名詞は絵や写真の内容に一致しているが，動詞や形容詞が一致しない」というパターンに注意。たとえば③の絵には，ボートと男女が写っている。そこで① A man and a woman are pulling a boat. を選びたくなるが，下線部の「～を引っ張っている」が絵の内容に一致しない。また，⑤の絵で目立つのは長いホルンだが，② A long horn has been left on the ground. は下線部が誤っている。

---

026 ① ウ ② ウ ③ イ ④ イ

【解説】①会話の内容から，女性の弟が好きなのは「小さなほ乳類」である。したがってウが正解。

②会話の内容から，ペンはノアが持っており，定規は先生に貸してもらえる。女の子は筆記具を持っていない。したがって，残る消しゴムが正解。

③4つの円があるロゴはイとウ。そのうち8の字に見えるウは，男性が「それじゃない」と言っている。したがってイが正解。

④「あさっては曇るだけでなく嵐にもなる」と言っているので，イが正しい。

【スクリプト】

① W: My baby brother and I went to the zoo yesterday. He loves animals.

M: Oh, really? Which was his favorite?

W: He loves mammals; you know, animals that have hair.

M: Ahhh, so which was his favorite?

W: He likes the small one.

Question: Which animal was her brother's favorite?

② M: Oh, no. Class is about to start and I left my pencil case at home.

W: Don't worry, Noah. You can borrow my things. What do you need?

M: Well, the next class is math, so I need a pen, a pencil, a ruler, and an eraser.

W: Are you sure you need all of that? I can see a pen in your pocket and the teacher has rulers for everyone.

M: Oh, you're right. Well, then I just need the other things.

W: Here you are, but sorry I don't have anything to write with.

Question: What did the girl give to the boy?

③ M: I'm going to buy a new car. I've got three brochures about them.

W: Oh, all the logos have circles on them. Which car do you want?

M: Well, I like the one with four circles.

W: But TWO of them have four circles. Do you mean the one that looks like an eight?

M: No, not that one.

Question: What is the logo of the car he wants to buy?

④ Good afternoon, Dumaguete. Here is your weather report for the next three days. Tomorrow, Friday, will be partially cloudy with the sun only coming out sometimes, so if you want to go to the beach, that might be the best time to go. Don't go out the day after, as the weather will not only be cloudy, but there will be storms. Sunday will be cold, snowy ... (ha) just joking, we never have snow here. In fact, the weather will be totally clear and sunny the whole day. Have fun and be safe however you choose to spend your weekend. This is Angelo Toque for DYRM, 1134 on your AM dial.

Question: What will the weather be like two days from today?

全訳

①女：小さな弟ときのう動物園へ行ったの。弟は動

物が大好きよ。

男：へぇ，そうなの？ どの動物が一番好きなんだい？

女：彼はほ乳類が大好きよ。毛のはえた動物ね。

男：ああ，それで彼はどの動物が一番好きなの？

女：小さいのが好きよ。

問：彼女の弟が一番好きなのはどの動物か。

②男：ああ，しまった。授業が始まりそうなのに，筆箱を家に置いてきてしまった。

女：心配しないで，ノア。私の道具を貸してあげる。何が必要なの？

男：ええと，次の授業は数学だから，ペンと鉛筆と定規と消しゴムが必要だね。

女：本当にそれが全部必要なの？ ペンはあなたのポケットに入っているし，定規は先生が全員の分を持っているわ。

男：ああ，そうか。じゃあ，他のものだけあればいいね。

女：これをどうぞ，でも悪いけど，私は書く道具は持っていないわ。

問：女の子は男の子に何を渡したか。

③男：新車を買う予定なんだ。パンフレットを3つもらったよ。

女：まあ，全部のロゴに円が入っているのね。どの車がほしいの？

男：そうだね，4つの円があるやつが気に入っている。

女：でも2つのロゴに4つの円があるわ。8の字に見えるロゴのこと？

男：いいや，それじゃないよ。

問：彼が買いたい車のロゴは何か。

④こんにちは，ドゥマゲッティの皆さん。この先3日間の天気予報をお伝えします。明日の金曜日は部分的に曇り，太陽が時々顔を出す程度なので，ビーチに行きたいのなら最適の日かもしれません。あさっては曇るだけでなく嵐にもなるので，外出は控えましょう。日曜日は寒く，雪でしょう…というのは冗談で，当地では雪は降りません。実際は，快晴で1日中晴れるでしょう。どんな週末の過ごし方をするにせよ，楽しく安全に過ごしてください。以上，AMラジオ1134局のDYRMからアンジェロ・トケがお伝えしました。

問：今日から2日後はどんな天気になりそうか。

語句

mammal「ほ乳類」 ruler「定規」
eraser「消しゴム」 brochure「パンフレット」
logo「ロゴ（マーク）」

027 ① ウ ② ウ ③ エ

解説 設問文を日本語に直すと，「会話を聞いて下の３つの問いに答えなさい。会話は２回聞こえます。会話が始まる前に30秒の時間があります。状況と下の広告を今読み始めなさい。状況：１人の子どもが父親に水泳教室の広告を見せている」となる。広告には，１「１週間以上申し込んでください」，２「クラスを選んでください」，３「時間を選んでください」という３つの見出しがある。２のクラスには，次の４つがある。

・JELLYFISH（クラゲ）：安全に泳いで楽しみましょう！ 基本を学びたい初心者に最適のクラスです。

・DOLPHINS（イルカ）：もっと早く，もっと長く泳ぎましょう！ 技能と技術を高めたい水泳経験者向きのクラスです。

・POOL SPORTS & GAMES（プールでのスポーツとゲーム）：日の当たる場所で楽しみたいですか？ もしそうなら，水球やプールバレーボールのような活動を行うこのクラスに入りましょう。

・POOL FITNESS（プールでの健康づくり）：やせて筋肉を鍛えたいですか？ それなら運動と健康のためのこのクラスを楽しみましょう。

① 「男の子が水泳教室に通う可能性が一番高いのはいつか」。会話の内容から，８月の第１週は祖父母の家に行くことになっている。第４週は夏休みの宿題をするために空けておく必要がある。第２週は「祖父母の家に行った後は疲れているだろう」と父親が言っているので，残るのは第３週である。したがってウが正解。

② 「男の子はどのクラスを選ぶ可能性が一番高いか」。男の子の I just want to have fun in the pool（ぼくはプールで楽しみたいだけだ）という発言から考えて，ウが正解。

③ 「男の子は水泳教室に１日何時間通う可能性が一番高いか」。父親によれば，午後と夕方は（母親の希望で）都合が悪い。したがって午前中の２つの時間帯のどちらかを選ぶことになるが，男の子が最後の発言で ... but this one is only an hour, and I want to swim for <u>more than that</u>.（でもこのクラスは１時間しかなくて，ぼくはそれよりたくさん泳ぎたい）と言っている。つまり彼は，１時間の Early birds ではなく，２時間半の Mid-morning の時間帯を希望してい

る。したがってエが正解。

⑦ 得点アップ

③の解説中，下線部の more than that は more than an hour の意味であり，「１時間よりも長い時間」ということ。〈**more than ＋ A**〉は「**A** より多い」の意味であり，**A** の数字は含まない。たとえば more than one person は「１人より多くの人＝２人以上」という意味である。同じことは，数字を区切る前置詞などにも言える。たとえば My test score will be <u>under</u> 80. は「私のテストの得点は80点を下回る［＝79点以下］だろう」の意味である。また，I'll be back <u>before</u> 3 o'clock. は「３時より前に戻ります」の意味であり，３時きっかりに戻ったら遅刻したことになる。

スクリプト

Child: Dad, can I go to this swimming school in the summer?

Father: Swimming school? Sure, that sounds fun. When is it?

Child: It's in August, but there are four different weeks. You have to sign up for one. Here's the paper.

Father: Ah, I see. Well, remember that we're going to be at your grandparents' that first week. And last year, you didn't finish your summer homework before school started, so I think you should keep that final week open so you can finish everything on time this year.

Child: Okay. So, one of these two weeks?

Father: Yes, but I think this one would be better because you'll be tired after visiting grandma and grandpa. They need your help cleaning up their house and yard this summer.

Child: Ah, that's right. Okay, so this week will be best then, right?

Father: I think so. And which of these classes were you thinking of taking? One for skills and techniques might be good.

Child: Well, I just want to have fun in the

pool, so I was hoping to take this one.

Father: Well, if you're sure, I guess that's okay.　But I really think you should start from the basics because you really don't swim all that often.

Child: I know how to swim, Dad.　Those classes would be too boring.

Father: Okay, well, if that's what you want.　So, now you just need to pick a time.　Afternoons and evenings may not work because your mom wants to save those for family time this summer.

Child: Okay.　I don't mind getting up early but this one is only an hour, and I want to swim for more than that.　Can I do this one here?

Father: Sure, sounds like a plan.

[全訳]

子ども：パパ，夏にこの水泳教室へ行ってもいい？

父親：水泳教室だって？　もちろんさ，楽しそうだね。いつだい？

子ども：8月だけど，4週に分かれてる。どれか1週に申し込まなくちゃならないんだ。これが書類だよ。

父親：ああ，なるほど。そうだな，8月の第1週はおじいちゃんとおばあちゃんの家に行くことになっているよね。それに昨年は学校が始まる前に夏の宿題が終わらなかったから，今年は全部予定通りに終えられるように，最後の週は空けておく方がいいだろう。

子ども：わかった。じゃあ，残りの2週のうちの1つだね。

父親：ああ，でも，こっちの週の方がいいだろう。おじいちゃんとおばあちゃんを訪ねた後は疲れているだろうからね。2人は今年の夏は家と庭の大掃除を君に手伝ってもらう必要があるんだ。

子ども：ああ，なるほど。わかった，じゃあ，この週が一番いいよね？

父親：そう思うよ。それで，これらのクラスのうちのどれを選ぼうと思っているんだい？　技術的なことを学ぶクラスがいいかもしれないな。

子ども：そうだね，ぼくはプールで楽しみたいだけだから，このクラスを選びたいな。

父親：そうか，君がそう思うなら，それでいいだろう。でも本当は，君は泳ぐ機会がそれほど多くないから，基礎から始める方がいいと思うよ。

子ども：泳ぎ方は知っているよ，パパ。そっちのクラスはどれも退屈すぎるんだ。

父親：わかった，そうだな，それが君のしたいことなら。じゃあ，あとは時間を選ぶだけでいい。午後と夕方は都合が悪いかもしれないな。今年の夏はママが午後と夕方を家族の時間として取っておきたいと思っているからね。

子ども：わかった。早起きするのはかまわないけど，このクラスは1時間しかなくて，ぼくはそれよりたくさん泳ぎたいんだ。こっちのクラスにしてもいい？

父親：わかった，それがいいね。

[語句]

sign up for 〜「〜に申し込む」
keep 〜 open「〜（の予定）を空けておく」
on time「時間どおりに，定刻に」
clean up「〜の大掃除をする」　yard「庭」
skills and techniques「技能と技術」
basics「基礎（的なこと）」
not 〜 all that often「それほど頻繁には〜ない」
just need to do「〜しさえすればよい」
save「〜を取っておく」
mind 〜ing「〜してもかまわない」
sounds like a plan「いい考えだ」

【広告】

safely「安全に」　experienced「経験の豊富な」
in the sun「日なたで，日差しの中で」
water polo「水球」　get slim「やせる」
build (some) muscle「筋肉をつける［鍛える］」
early bird「早起きの人」

第3回 実力テスト

1 ① ウ　② ア　③ エ　④ イ　⑤ エ

[解説]　全訳を参照。

[スクリプト]

① Mike is making a dog house now.
② We use this when we enjoy watching birds.
③ Tom bought a T-shirt yesterday.　It has his favorite Japanese word meaning dream.
④ In Aya's class, she asked her classmates about their favorite sport.　Baseball, tennis and soccer were popular.　Tennis was more popular than baseball.　But soccer was the most popular in her class.

⑤Last Sunday, Ken enjoyed playing *shogi* with his friends, Taku and Hiro. First, Ken played with Taku, and Ken won. Next, Ken played with Hiro, and Hiro won the game. Ken usually wins games, but that time he lost. Finally, Taku and Hiro played and Hiro won the game.

【全訳】

①マイクは今，犬小屋を作っている。

②私たちは鳥を見るのを楽しむときにこれを使う。

③トムはきのうＴシャツを買った。それには dream を意味する彼の大好きな日本語の言葉が書いてある。

④アヤのクラスで，彼女はクラスメイトたちに好きなスポーツを尋ねた。野球，テニス，サッカーが人気だった。テニスは野球より人気が高かった。しかしサッカーがクラスで最も人気が高かった。

⑤先週の日曜日に，ケンは友人のタクとヒロと一緒に将棋をして楽しんだ。最初にケンがタクと対戦し，ケンが勝った。次にケンはヒロと対戦して，ヒロがゲームに勝った。ケンはふだんはゲームに勝つが，そのときは負けた。最後にタクとヒロが対戦して，ヒロがゲームに勝った。

2 　①ウ　②イ

解説　①最終的に客はダブルチーズバーガーとフライドポテト，オニオンリングを注文している。

②ビリーの最後の発言から，彼が一番気に入ったのは沖縄のビーチだとわかる。

【スクリプト】

Listen, look at the picture, and then choose the best answer.

① W: Are you ready to order?

M: Yeah, I'll take the cheeseburger please, but take out the vegetables.

W: Do you want that with fries?

M: And onion rings.

W: No problem.

M: Actually, make that a double cheeseburger.

② W: So, what was your favorite place in Japan, Billy?

M: I loved the Temples in Kyoto, and Tokyo Tower.

W: Tokyo Tower? But Tokyo SkyTree is much taller.

M: You're right. But none of those are as

good as the beaches in Okinawa.

【全訳】

聞いて，絵を見て，最も適切な答えを選びなさい。

①女：ご注文はお決まりですか？

男：ええ，チーズバーガーをください，でも野菜は抜いて。

女：フライドポテトもお付けしますか？

男：それにオニオンリングを。

女：かしこまりました。

男：あの，ダブルチーズバーガーにしてください。

②女：じゃあ，日本で一番気に入った場所はどこなの，ビリー？

男：京都のお寺と東京タワーがとても気に入ったよ。

女：東京タワー？　でも東京スカイツリーの方がずっと高いけど。

男：そうだね。でも，それらのどれも沖縄のビーチほどよくなかったよ。

⑦得点アップ

たとえば①の Do you want that with fries? という店員の質問に対しては，Yes, and onion rings. と答えるのが普通。しかしこの会話では Yes を省いているので，状況がわかりにくくなっている（口頭で Yes と言う代わりにうなずいて承諾している状況と考えられる）。このような問いもあることを知っておこう。

3 　エ

解説　女性の発言によれば，ソファはオ（ドアの近く），ベッドはア（窓の前），机はパソコンの近くの隅（ウ）に置かれた。本箱は最初に机の隣（イ）に置かれたが，その後ソファとベッドの間（エ）に移動された。

【スクリプト】

W: Alex, thank you for coming to help me move today.

M: No problem. Emi, where will we put this sofa?

W: Could you put it near the door?

M: OK. Then how about this bed?

W: Could you put it in front of the window?

M: Sure. How about the desk and the bookcase?

W: Please put the desk in the corner near the computer and put the bookcase next to the desk.

M: Like this?

W: Hmm ..., it looks good, but I want to change the place of the bookcase. Could you put it between the sofa and the bed?

M: Is this good?

W: Perfect!

Question: Where did the man put the bookcase?

[全訳]

女：アレックス，今日は引っ越しの手伝いに来てくれてありがとう。

男：どういたしまして。エミ，このソファはどこに置くの？

女：ドアの近くに置いてもらえる？

男：いいよ。それからこのベッドはどうするの？

女：窓の前に置いてもらえるかしら？

男：わかった。机と本箱は？

女：机はパソコンの近くの隅に，本箱は机の隣に置いて。

男：こんなふうに？

女：うーん…，よさそうだけど，本箱の位置を変えたいわ。ソファとベッドの間に置いてもらえる？

男：これでいいかい？

女：完ぺきよ！

問：男性は本箱をどこに置いたか。

4 発表や説明などを使った問題

028 ① c ② a

[解説] ①先生は何について話しているか。

　a. 黒板を書き写す最善の形式。

　b. 内容を説明するための唯一の理由。

○c. ノートを上手に取ることの重要な点。

　d. 質問にうまく答える方法。

説明中に take notes well という言葉が3回出てくるので，これが話題の中心だとわかる。

②先生はなぜ生徒たちに話しているのか。

○a. ノートを取るための自分自身の方法について生徒に考えさせるため。

　b. 生徒に自分自身の授業中のルールを作らせるため。

　c. 生徒にノート内のすべてのことを覚えさせるため。

　d. 生徒にクラスメイトと一緒に書くのを楽しませるため。

説明の最後の文から判断する。

[スクリプト]

　Do you know how to take notes well? Just copying the blackboard is not enough. You should write everything you notice during class. If you can explain the contents from your notebook, that means you can take notes well. However, this is not the only way to take notes well, so try to discover your own style.

Question 1 Answer

a. The best styles of copying the blackboard.

b. The only reason to explain the contents.

c. The important points of taking notes well.

d. The successful way to answer questions.

Question 2 Answer

a. To let them think of their own way to take notes.

b. To let them make their own rules in class.

c. To let them remember everything in their notebooks.

d. To let them enjoy writing with their classmates.

[全訳]

　上手なノートの取り方を知っていますか。黒板を書き写すだけでは不十分です。授業中に気がついたことはすべて書くべきです。ノートに書いてある内容を説明できれば，ノートを上手に取ることができるということです。しかし，これは上手にノートを取る唯一の方法ではないので，自分自身のノートの取り方を見つけるようにしなさい。

[語句]

take notes「ノート[メモ]を取る」

copy「～を複写する，書き写す」

contents「中身，内容」

mean (that) ～「（～ということ）を意味する」

discover「～を発見する」

029 ① (1) **history** (2) **clean**

　　　(3) **popular**

　② エ

解説 ① (1)ベーカー先生は大学で何を学んだか。
—彼は日本の文化と歴史を学んだ。
第2段落の第2文を参照。
(2)ベーカー先生は日本の学校生活になぜ驚いているか。—日本の生徒が毎日教室を掃除するから。
第2段落の第5文を参照。
(3)ベーカー先生によれば，英語を上達させるためのよい方法は何か。—わくわくする映画を見たり英語で人気の歌を歌ったりすること。
第3段落の第5文を参照。
②ア ベーカー先生は生徒たちが日本の多くの寺を訪ねることを願っている。→第2段落の第2文によれば，ベーカー先生は自分が日本の多くの寺を訪ねたいと思っている。
イ ベーカー先生は以前日本に滞在したことがあるので，日本についてよく知っている。→第2段落の第1文によれば，ベーカー先生が日本に来たのは今回が初めてである。
ウ ベーカー先生は，ニューヨークでは約50の言語が話されていると言う。→第1段落の第6文によれば，50ではなく500の言語である。
○エ ベーカー先生は生徒たちに，他の言語を学ぶことは楽しいと伝えている。→第3段落の第3文の内容に一致する。

スクリプト Hello, everyone. My name is Bill Baker. I came to Japan three weeks ago. I'm so happy to meet you. I'm from New York, the biggest city in America, and people from all over the world live there. Some people say that about 500 languages are spoken in New York. There are a lot of popular places to see, and many people visit them.

This is my first time to come to Japan. I studied Japanese culture and history at my university, so I'd like to visit many temples in Japan. I also want to try Japanese traditional sports. I hear this school has a kendo club, and I'm excited about practicing kendo with the students. I don't know much about school life in Japan yet, but I'm surprised to know that you clean your classroom every day. Students in America don't usually do that.

I have been looking forward to teaching you English. I think we use languages for communication. I'd like to tell you that it's fun to learn other languages. So don't be shy and try to speak English with each other. Watching exciting movies and singing popular songs in English are not only fun but also good ways to improve your English. I hope you will enjoy learning English with me.

全訳 皆さん，こんにちは。私の名前はビル・ベーカーです。3週間前に日本に来ました。皆さんに会えてとてもうれしいです。私はニューヨーク出身ですが，そこはアメリカ最大の都市であり，世界中から来た人が住んでいます。ニューヨークでは約500の言語が話されていると言う人もいます。人気の高い観光地がたくさんあり，多くの人が訪れます。

私は今回初めて日本に来ました。大学で日本の文化や歴史を勉強したので，日本のお寺をたくさん訪ねたいと思います。また日本の伝統的なスポーツもしてみたいです。この学校には剣道部があるそうなので，生徒たちと一緒に剣道の練習をするのが楽しみです。日本の学校生活についてまだよく知らないのですが，皆さんが毎日教室を掃除することに驚いています。アメリカの学生は普通それはしません。

私は皆さんに英語を教えることを楽しみにしてきました。私たちはコミュニケーションのために言語を使っていると思います。他の言語を学ぶのは楽しいと皆さんに伝えたいと思っています。だから恥ずかしがらずに，お互いに英語を話そうとしてください。わくわくする映画を見たり英語で人気の歌を歌ったりすることは，楽しいだけでなく，英語を上達させるよい方法です。皆さんも私と一緒に楽しく英語を学んでもらいたいと思います。

得点アップ
設問文に指示されているとおり，長い文章や会話などを聞いて数個の質問に答えるタイプの問題では，聞きながらメモを取るなど，聞いた内容を忘れないための工夫が必要である。また，時間が許す限り紙に印刷された質問や英文にあらかじめ目を通しておき，これから読まれる文章や会話の内容をある程度思い描いておくことが大切になる。

030 ① ウ ② ア

解説 ①これからマコトが自分の作文を読むので，

他の生徒はそれを聞くようにと先生が言っている。

ア 自分の夢について作文を書く。

イ マコトの作文を読む。

○ウ 発表者の話すことを聞く。

エ 手を挙げる。

②マコトは1月に日本を発って3月に帰国することになっている。

○ア 約3か月。　　イ 約4か月。

ウ 約半年。　　エ 約1年。

スクリプト

①Hello, everyone. Let's begin today's class. Last week, we learned how to write an essay, and I told you to write one about your dreams. Today, I want you to read it in front of your classmates. While someone is reading, everyone else must listen carefully, and ask questions later. Shall we start now? Any volunteers? Oh, Makoto is raising his hand. OK. Makoto, please. You are first.

Question: What will the other students do next?

②I got an email from Makoto last week. He is studying in New Zealand. He left Japan in January. He is going to come back to Japan in March. His email says that he is the only Japanese student at the school. So, speaking English is the only way to express himself. I hope that his English will be better when he gets back.

Question: How long will Makoto stay in New Zealand?

全訳

①皆さん，こんにちは。今日の授業を始めましょう。先週は作文の書き方を学び，君たちに自分の夢について作文を書くようにと言いました。今日は，それをクラスメイトの前で読んでほしいと思います。誰かが読んでいる間，他のみんなは注意深く聞かなければなりません，そして後で質問してください。では始めましょうか。誰か志願者はいますか。おや，マコトくんが手を挙げています。よろしい。マコトくん，どうぞ。君が最初です。

問：他の生徒たちは次に何をするだろうか。

②私は先週マコトからメールをもらった。彼はニュージーランドに留学している。彼は1月に日本を発った。3月に日本に帰ってくる予定だ。メールによると，彼は学校でただ一人の日本人だ。だから英語を

話すことが自分を表現する唯一の方法だ。彼が戻ってきたら，彼の英語が上達していると願っている。

問：マコトはニュージーランドにどのくらいの期間滞在するか。

031 ① エ ② ウ

解説 ①タカシのスピーチで示されているのはどれか。

タカシによれば，34人のクラスの半数は毎回自分の買い物袋を使っている。また7人は一度も使ったことがない。これを示すグラフはエである。

②クラスメイトへのタカシのメッセージは何か。

ア 彼は次の日曜日にクラスメイトと一緒に買い物を楽しみたい。

イ 彼は祖母がバッグの作り方をクラスメイトに教えてくれればいいと思っている。

○ウ 彼はもっと多くのクラスメイトが自分の買い物袋を使えばいいと思っている。

エ 彼は日本の店ではビニール袋の代金を払わねばならないと言いたい。

タカシの最後の発言から判断する。

スクリプト

日常生活について調査をしたタカシが，グラフを示しながらクラスで調査結果を発表しています。これを聞いて，①・②の問いに答えなさい。問いと答えの選択肢を，今から15秒間で確認しなさい。英語は2回読まれます。それでは，始めます。

In Japan, if we need a plastic bag when we go shopping, we have to pay for it. My grandmother taught me how to make a shopping bag. I use it almost every time when I go shopping. I wanted to know how many of you in our class bring your own shopping bags when you go to a store. So, I asked you. There are thirty-four students in our class. Half of us use our own shopping bags every time. But seven of us have never used one before. The other students use them sometimes. From this information, more of us should use our own shopping bags.

全訳

日本では，買い物に行くときにビニール袋が必要な場合，お金を払わなければなりません。祖母が私に買い物袋の作り方を教えてくれました。買い物に

行くとき，私はほとんど毎回それを使っています。私たちのクラスで，店に行くとき自分の買い物袋を持ってく行く人が何人いるか知りたいと思いました。そこで皆さんに尋ねました。私たちのクラスには34人の生徒がいます。半数は毎回自分の買い物袋を使っています。しかし7人は今まで一度も使ったことがありません。他の生徒たちは時々使っています。この情報から，私たちのもっと多くが自分の買い物袋を使うべきです。

---

032 ① ウ ② イ

解説 ①リサが祖母にあまり頻繁に会わないのはなぜか。
ア 祖母が小さな町に住んでいるから。
イ 祖母の生活は面白いことでいっぱいだから。
○ウ 祖母はリサの家から3時間離れたところに住んでいるから。
エ 祖母は多くの友人たちと一緒に話したり笑ったりするから。
第1段落の第2文を参照。
②リサの祖母はどのようにして家族や友人と連絡を取り合っているか。
ア 彼らを訪問する。
○イ 手紙を書く。
ウ スマートフォンを使う。
エ 彼らに夕食を作ってやる。
第2段落の最後の2文を参照。

スクリプト I visited my grandmother last week. I don't see her very often because she lives in a small town about three hours away from me. I stayed for a week and learned a lot about my grandmother's life.

My grandmother doesn't have a smartphone or even a computer. But she has an interesting life. She enjoys planting new flowers in her garden and she picks vegetables to cook for dinner. She has a lot of friends, and talks and laughs with them. She loves to read and write. She writes letters to her family and friends. In this way, she stays in touch with them.

After I returned home, I got a handwritten letter from my grandmother. She thanked me for coming to visit. I want to see her again very soon.

全訳 先週，私は祖母を訪ねました。祖母は私の家から3時間ほど離れた小さな町に住んでいるので，あまり頻繁に会うことはありません。私は1週間滞在して，祖母の生活について多くのことを学びました。

祖母はスマートフォンもパソコンさえも持っていません。しかし，興味深い生活をしています。庭に新しい花を植えるのを楽しみ，野菜を摘んで夕食用に料理します。多くの友人がいて，一緒に話したり笑ったりします。彼女は本を読んだり文章を書いたりするのが大好きです。家族や友人に手紙を書きます。このようにしてその人たちと連絡を取り合っています。

私は家に帰った後で祖母から手書きの手紙をもらいました。彼女は私が会いに行ったことに感謝していました。またすぐにでも祖母に会いたいです。

語句
plant「〜を植える」
pick「(花など)を摘む，採取する」
stay in touch with 〜「〜と連絡を取り合っておく」
handwritten「手書きの」

---

033 ① イ ② エ

解説 ①第1段落の説明によれば，5人のグループのうちで2人がカレーを作り，残りの3人がフルーツケーキを作る。
ア 2人。 ○イ 3人。
ウ 4人。 エ 5人。
②第3段落を参照。
ア 料理のレッスンで最初にすること。
イ カレーを作る人たち。
ウ フルーツケーキを作る人たち。
○エ ケーキに使うフルーツ。

スクリプト
Listen, everyone. In the next lesson, we will have a cooking lesson. You will make chicken curry and a fruit cake. Your group has five members. In your group, two of you will make curry and the other members will make the cake. After cooking, you can eat them together.

Now, I'll tell you about the first thing to do in the cooking lesson. People who will make chicken curry, you should wash the vegetables first. Of course, please be careful when you cut them. The other members who will make the fruit cake, you should prepare everything for the cake on the table first. Preparing is important.

Now, your group will choose one fruit from these four kinds: apple, banana, orange, or cherry. After I finish talking, please talk in your group and decide which fruit your group wants to use. Now, start talking.

① In a group, how many members will make the fruit cake?

② What should students decide now?

全訳

皆さん，聞いてください。次の授業では，料理のレッスンをします。チキンカレーとフルーツケーキを作ります。グループの人数は5人です。各グループの中で，2人がカレーを作り，他のメンバーがケーキを作ります。料理をした後で，一緒に食べていいですよ。

では，料理のレッスンで最初にすることを伝えます。チキンカレーを作る人は，まず野菜を洗ってください。もちろん，野菜を切るときは気をつけてください。フルーツケーキを作る他の人は，まずテーブルの上にケーキの材料を全部準備します。準備することは大切です。

さて，各グループでは，リンゴ，バナナ，オレンジ，さくらんぼの4種類から1つ果物を選んでください。私が話し終えたら，グループ内で話し合って，どの果物を使いたいかを決めてください。では，相談を始めてください。

① 1つのグループの中で何人がフルーツケーキを作るか。

② 生徒たちは今何を決めるべきか。

---

034 イ

解説 全訳のア・ウ・エが，それぞれ選択肢のア・ウ・エに対応する。イについては説明されていない。

スクリプト Welcome to English Camp. We are going to stay here for two days. Please work hard with other members and enjoy this camp. Let's check what you are going to do today. First, you have group work. It will start at 1:20 p.m. In your groups, you'll play games to know each other better. Then, you'll enjoy cooking at

three. You will cook curry and rice with teachers. After that, you will have dinner at five and take a bath at seven. You have to go to bed by ten. During the camp, try hard to use English. Don't use Japanese. That's all. Thank you.

全訳 イングリッシュ・キャンプへようこそ。私たちはここにア2日間滞在する予定です。他のメンバーと一緒に頑張って，このキャンプを楽しんでください。エ今日何をする予定かを確認しましょう。最初は，グループワークです。午後1時20分開始です。自分のグループで，お互いをよりよく知るためにゲームをします。それから，3時に料理を楽しみます。先生と一緒にカレーライスを作ります。その後，5時に夕食，7時に入浴です。10時までに床についてください。キャンプの間は，一生懸命英語を使ってみましょう。ウ日本語は使わないように。以上です。ありがとうございました。

---

035 ① イ ② ウ ③ ウ ④ エ

解説 ①全訳の①を参照。

ア 図書館で。　○イ ある病院のそばで。

ウ クミの家で。　エ しまなみレストランで。

②全訳の②を参照。

ア 先週の日曜日。　イ 2週間前。

○ウ 3年前。　エ 4年前。

③全訳の③を参照。

ア 彼と一緒に日本語を勉強するだろう。

イ 彼と一緒にアメリカへ帰るだろう。

○ウ 彼と一緒にある有名な寺を訪ねるだろう。

エ 彼と一緒に写真の撮り方を学ぶだろう。

④全訳の④を参照。

ア 自分のレストランを持ちたい。

イ アメリカで日本語を教えたい。

ウ 町の図書館で働きたい。

○エ 日本に住んでいる外国人の手助けをしたい。

スクリプト

Last Sunday, I went to the library to study. After studying, when I walked by a hospital, a foreign woman spoke to me in English. She said, "Do you know where Shimanami Restaurant is? I'm going to meet my brother and eat lunch with him there." I said, "I'll take you to the restaurant. It's near my house." She looked happy.

When we walked to the restaurant, we talked a lot. Her name is Judy, and she is from America. She came to Japan as an English teacher two weeks ago. Her brother's name is Mike. He came to Japan three years ago. He is learning Japanese, and his dream is to teach Japanese in America. They haven't seen each other for four years. They like taking pictures. They want to take pictures of temples in Japan. So I told her about a famous one in this town. She said, "I'll go there with him after lunch."

When we got to the restaurant, she said, "Thank you, Kumi. You're very kind." I was glad to hear that. It was a good day for me. In the future, I want to work for foreign people living in Japan.

① Where did Judy ask Kumi a question?
② When did Mike come to Japan?
③ What will Judy do with Mike after lunch?
④ What does Kumi want to do in the future?

[全訳]

先週の日曜日に，私は図書館へ勉強しに行きました。勉強した後で，①ある病院のそばを歩いていると，外国人の女性が私に英語で話しかけました。彼女は「しまなみレストランがどこにあるか知っていますか。そこで兄[弟]に会って昼食をとる予定なんです」と言いました。私は「レストランまでお連れします。私の家の近くです」と言いました。彼女はうれしそうでした。

私たちは歩いてレストランへ行くとき，たくさん話をしました。彼女の名前はジュディといい，アメリカ出身です。2週間前に英語の先生として日本に来ました。お兄[弟]さんの名前はマイクです。②彼は3年前に日本に来ました。彼は日本語を勉強中で，夢はアメリカで日本語を教えることです。2人は4年間会っていませんでした。2人は写真を撮るのが好きです。日本のお寺の写真を撮りたいそうです。そこで，私は彼女にこの町のある有名なお寺の話をしました。③彼女は「昼食の後で兄[弟]と一緒にそこに行きます」と言いました。

私たちがレストランに着くと，彼女は「ありがとう，クミさん。ご親切さまでした」と言いました。それを聞いて私はうれしく思いました。その日は私

にとっていい日でした。④将来は，日本に住んでいる外国人のために働きたいと思います。

①ジュディはクミにどこで質問をしたか。
②マイクはいつ日本へ来たか。
③ジュディは昼食の後でマイクと一緒に何をするだろうか。
④クミは将来何をしたいか。

---

036 ① ア ② イ ③ エ ④ エ

[解説] 全訳の①～④を参照。

[スクリプト]

　放送される英文を聞いて，メモを完成させる問題です。あなたは，カナダの語学学校へ留学しています。語学学校のオリエンテーションで説明を聞きながら，メモを取っています。メモ用紙の①から④のそれぞれに入る最も適切なものを選びなさい。英文は2回読まれます。まずメモに目を通してください。では，始めます。

Welcome to Canada and to Green Language School. We are excited to study English with you for the next three weeks. Please look at the card we gave you. From tomorrow, you will need it to come into the school building. You can also use this card to take city buses from Monday to Friday. You won't need money for those buses. Our school opens at 7:50 a.m. and the first class starts at 8:30 a.m. On Mondays, Tuesdays and Thursdays, we have three English classes in the morning and two in the afternoon. On Wednesdays and Fridays, we have three classes in the morning. After lunch, we learn the history of Canada. For example, we are going to visit some old buildings. One more important thing. During the first class every Monday, you will take an English test. You can get your test result back the next day. Your teacher will give it to you before the first class on Tuesdays. If you have any questions, please ask us.

[全訳]

　カナダへ，そしてグリーン語学学校へようこそ。これから3週間，皆さんと一緒に英語を勉強することにわくわくしています。お渡ししたカードを見てください。明日から，校舎に入るときそれが必要に

なります。①また，月曜日から金曜日まで市バスに乗るためにこのカードを使うこともできます。バス代はかかりません。②本校は午前７時50分に開き，最初の授業は午前８時30分から始まります。月曜日，火曜日，木曜日は，午前中に３クラス，午後に２クラスの英語の授業があります。③水曜日と金曜日は，午前中に３つのクラスがあります。昼食後は，カナダの歴史について学びます。たとえば，古い建物を訪ねたりする予定です。もう１つ大切なことがあります。毎週月曜日の最初の授業で，皆さんは英語のテストを受けます。④テストの結果は翌日返却します。先生が火曜日の最初の授業の前に渡してくれます。もし何か質問があれば，私たちにお尋ねください。

037 ウ

解説 アは鹿児島中央駅，イは左側，エは10分。ウの内容はアナウンス中に出てこない。

スクリプト This is the train for Kagoshima Chuo Station. We are now arriving at Sendai Station. The doors on the left side will open. The next stop after Sendai Station is Kagoshima Chuo Station. We are sorry this train will arrive ten minutes late because of an accident in Kurume. Thank you.

全訳 この列車は鹿児島中央駅行きです。これから川内駅に到着します。左側のドアが開きます。川内駅の次は，鹿児島中央駅です。ご迷惑をおかけしますが，久留米での事故のためこの列車は10分遅れて到着いたします。ありがとうございました。

038 ① ア ② エ ③ ウ

解説 ①第４段落の第２文を参照。
○ア チョコレートケーキ。
イ アイスクリームケーキ。
ウ フルーツケーキ。
エ チーズケーキ。
②第５段落の第２・３文を参照。
ア 午前11時50分に。
イ 正午に。
ウ 午後１時25分に。
○エ 午後１時30分に。
③第３段落の第１文を参照。
ア そのレストランでは中華料理の方が日本料理

よりも人気がある。
イ バスに乗っている人々は，昼食を注文するためにバスを降りる必要はない。
○ウ そのレストランは世界中のさまざまな料理を食べるのにとてもよい場所である。
エ レストランの中にはいくつかの有名店がある。

スクリプト Listen to the tour guide on the bus, and choose the best answer for questions 1, 2 and 3. Let's start.

It's eleven fifty-five, so it's almost lunch time. We will arrive at the Saitama Restaurant soon. Let me tell you about the restaurant.

The Japanese food at the restaurant is really popular, but if you want to have food from other countries, Saitama Restaurant is a great place. You can eat many different foods from all over the world.

The cakes are really delicious, too. Most people order the chocolate cake at the restaurant. You can also have fruit cake and ice cream. I'm sure you will like everything.

We've just arrived at the restaurant. It's twelve o'clock now. Our bus will stay here for an hour and thirty minutes. When you finish having lunch, you'll have some free time. You can go shopping if you want to, and near the restaurant, there is a famous shop that sells cheese cake. It is very popular. Please come back here by one twenty-five p.m. Thank you and have fun, everyone.
① What is the most popular cake at the Saitama Restaurant?
② What time will the bus leave the restaurant?
③ Which is true about the Saitama Restaurant?

全訳 バスの中で旅行ガイドの話を聞き，問い１，２，３の最も適切な答えを選びなさい。では，始めましょう。
　11時55分なので，もうすぐ昼食の時間です。私たちはまもなく埼玉レストランに到着します。レストランについて皆さんにお伝えします。
　このレストランでは日本食がとても人気ですが，

他の国の料理を食べたいなら，埼玉レストランはとてもいいところです。世界中のさまざまな料理が食べられます。

　ケーキも本当においしいです。このレストランでは，ほとんどの人がチョコレートケーキを注文します。フルーツケーキやアイスクリームもあります。きっと全部気に入ると思います。

　ただ今レストランに到着しました。今は12時です。バスは1時間30分ここに止まっています。昼食が済んだら，少し自由時間があります。ご希望なら買い物に行けます。レストランの近くにはチーズケーキを売っている有名な店があります。とても人気があります。午後1時25分までにここに戻ってきてください。では皆さん，お楽しみください。
①埼玉レストランで最も人気の高いケーキは何か。
②バスは何時にレストランを出るか。
③埼玉レストランについて正しいものはどれか。

039 [A] ① イ　② ア
　　　　[B] ① エ　② ア

解説 [A] ①第4文を参照。
ア センチュリー・トラベル。
○イ バスツアーの情報。
ウ ホテルの情報。
エ フライト［飛行機の便］の情報。
②最後の文を参照。repeat（くり返す）を，問いの英文では「再び聞く」と言い換えている。
○ア 星印。　イ 3。　ウ 4。　エ 7。
[B] ① how long で時間の長さを尋ねている。朝食時間は午前6時から10時までだから，エが正解。
ア 午前6時。　　イ 午前10時。
ウ 無料である。　○エ 4時間。
②第4・5文を参照。
○ア 素晴らしい眺め。　イ 35階。
ウ 無料である。　　エ 紙の上に（書いてある）。

スクリプト
[A] Thank you for calling Century Travel. For hotel information press 7. For flight information press 6. For bus tour information press 5. To cancel a reservation press 4. To speak with a century travel agent press 3. To repeat this message press star.
① What information will you get if you press 5?
② If you want to hear the message again, what should you press?
[B] Welcome to the Conrad Hotel. You are in room 621. A free breakfast is served from 6 a.m. to 10 a.m. on the third floor. The gym and pool are located on the 35th floor. There is a great view of the city from there. Wi-Fi is free and your password is written on this paper. Please enjoy your stay and if you have any questions call us at 107.
① How long does breakfast last?
② What can you see from the gym and pool?

全訳
[A] センチュリー・トラベルにお電話いただきありがとうございます。ホテルに関するお問い合わせは7を押してください。フライト情報は6を押してください。バスツアーの情報は5を押してください。予約のキャンセルは4を押してください。センチュリー・トラベルの担当者と話したい場合は3を押してください。このメッセージをくり返すには，星印を押してください。
①5を押すとどんな情報が得られるか。
②メッセージを再び聞きたければ，何を押せばよいか。
[B] コンラッド・ホテルへようこそ。あなたは621号室にいます。無料の朝食は3階で午前6時から10時まで提供されます。ジムとプールは35階にあります。そこから市内の素晴らしい景色が一望できます。Wi-Fi は無料で，パスワードはこの紙に書いてあります。滞在をお楽しみいただき，ご不明な点は107へお電話ください。
①朝食時間の長さはどのくらいか。
②ジムとプールからは何が見えるか。

得点アップ
アナウンスを使った問いでは，どんな場所や施設で聞かれるアナウンスであるかを念頭に置いて，状況に即した言葉の解釈が必要になる。たとえば[A]の最後の To repeat this message press star. は，この文を単独で聞くと下線部の意味がわからないかもしれない。このアナウンスは旅行代理店の受付電話の自動音声であり，聞き手は電話機を操作しているという状況設定になっている。その状況を考えると，下線部は「電話機の星印（＊＝アスタリスク）を押しなさ

い」という意味だとわかる。

---

040 〉 **ウ，エ（順不同）**

解説 ア その新しいスポーツバッグに入れて多く
のものを持ち運ぶことができる。→第2段落
の内容に一致する。

イ その新しいスポーツバッグを手で洗うのは簡
単だ。→第3段落の内容に一致する。

ウ その新しいスポーツバッグには8つの異なる
色がある。→第4段落によれば色は5つだか
ら誤り。

エ 特別な買い物の日にその新しいスポーツバッ
グを買えば，50ドルである。→最終段落によ
れば40ドルだから誤り。

オ 2つのスポーツバッグを買えば75ドルを必要
とする。→最終段落の内容に一致する。

カ その新しいスポーツバッグはインターネット
で買える。→最終段落の内容に一致する。

スクリプト

Hi, everyone, it's time for shopping. I'm
Mary. Today is a special shopping day!

Today, I brought a new sports bag. It's
bigger and stronger than the bag we sold
before, so you can put a lot of things in it.
My son is in the tennis club, and uses this
bag when he goes to school. He puts so
many things in it, for example, books,
notebooks, dictionaries, T-shirts and many
other things. It is very good for students.

Also, you can easily wash it by hand and
keep it clean.

Last time, we only had black and blue
colors for the bag, but this time, we have
three other colors, red, green, and brown,
so you can choose your favorite one from
these five colors. You can see the colors
on the Internet.

Now, do you want to know how much it
is? It's usually 50 dollars, but today is a
special shopping day, so it's only 40
dollars! If you buy two, it's only 75
dollars! How wonderful! Please call
01 234 now. You can buy one on the
Internet, too. I'm sure you'll like it!

全訳

こんにちは，皆さん，ショッピングの時間です。
私はメアリーです。今日は特別な買い物の日です！

今日，私は新しいスポーツバッグを持ってきまし
た。以前販売したバッグより大きくて丈夫なので，
たくさんのものを入れることができます。私の息子
はテニス部に入っていて，学校に行くときこのバッ
グを使っています。彼はたとえば本，ノート，辞書，
Tシャツ，その他の多くのものを入れます。学生に
はとても便利です。

また，手で簡単に洗って清潔に保つことができます。
前回ご提供したのは黒と青だけでしたが，今回は
他に赤，緑，茶の3色をご用意したので，この5色
の中からお好きな色をお選びいただけます。色はイン
ターネットで見ることができます。

さて，お値段を知りたいですか？ 通常は50ドルで
すが，今日は特別な買い物の日なので，わずか40ド
ルです！ 2つ買えば75ドルです！ なんてすてきで
しょう！ 今すぐ01 234にお電話ください。インター
ネットでも購入できます。きっと気に入っていただ
けると思います！

---

041 〉 ① ウ ② エ ③ イ
④ ア，エ，キ（順不同）

解説 サニータウンの特徴として，第2段落で「い
ろいろなことができる」「楽しい見どころがあ
る」「長い歴史がある」という3点が挙げられて
いる。その3点は，第3～5段落でそれぞれ具体
的に説明されている。全訳の下線部①～④を参照。

スクリプト Good morning. My name is
Bob Smith. Today I'd like to introduce my
hometown, Sunny Town, in North City.
This information will help you if you want
to visit this town.

Now I'll show you three good points of
this town. First of all, there are a lot of
things to do. Second, Sunny Town always
has something exciting to see. And the
last point is its long history.

So, let's start with the first good point.
What's there to do in Sunny Town? It has
many great restaurants and a big shopping
center. You can enjoy eating delicious
food such as French, Indian, Italian, and
Chinese. And also, you can have a good

time when you are shopping. In fact, shopping is really fun because there are many shops. Japanese people often enjoy shopping there.

Next, what's there to see? For example, do you like sports? In May, we have a marathon event called Sunny Town Marathon. In August, we have the Football Championship in Sunrise Stadium in our town. And do you like going to the theater? Actually, there is a well-known British theater and you can watch famous performances in this town.

The last point, what about Sunny Town's history? Sunny Town has a lot of old and popular buildings such as a church, City Hall, and a tower. You can visit them and learn a lot from them.

Why don't you visit Sunny Town? Thank you for your attention.

全訳 おはようございます。私の名前はボブ・スミスです。今日は私の故郷，ノースシティのサニータウンを紹介したいと思います。この情報がこの町を訪ねたい方のお役に立てばと思います。

では，この町のよいところを3つ紹介します。第1に，いろいろなことができます。第2に，サニータウンにはいつも楽しい見どころがあります。そして最後のポイントは，町の長い歴史です。

では，1つ目のよい点から説明します。サニータウンでは何ができるのでしょうか。素晴らしいレストランがたくさんあり，大きなショッピングセンターもあります。フランス料理，インド料理，①イタリア料理，中華料理などのおいしい料理を食べて楽しむことができます。またショッピングも楽しめます。実際に②たくさんの店があるので，買い物は本当に楽しいです。日本人はよくそこで買い物を楽しみます。

次に，見どころは何でしょうか。たとえば，スポーツはお好きですか。5月にはサニータウン・マラソンというマラソン大会があります。8月には，わが町のサンライズ・スタジアムで③サッカー選手権大会があります。また，観劇はお好きですか。実はこの町にはイギリスの有名な劇場があり，有名な公演を見ることができます。

最後に，サニータウンの歴史はどうでしょうか。サニータウンには，④教会，市庁舎，塔など，古くて人気の高い建物がたくさんあります。それらを訪ねて，多くのことを知ることができます。

サニータウンに足を運んでみてはいかがでしょ

か。ご清聴ありがとうございました。

---

042 ① **A young girl did.** ② ウ

解説 ①全訳の下線部を参照。A young girl helped her. と答えることもできるが，下線部は問いの文と同じ形をくり返すことになるので，did で置き換えるのがよい。

②文章全体の内容から考えてウが正解。

ア 私たちは若い女の子に親切にすべきだ。

イ 私たちは他人からの助けを待つべきだ。

○ウ できるなら私たちは他人を助けるべきだ。

スクリプト I want to talk about something that happened last week. On Tuesday, I saw an old woman. She was carrying a big bag. It looked heavy. I was just watching her. Then a young girl ran to the old lady and carried her bag. The girl looked younger than me. She helped the old woman, but I didn't. "Why didn't I help her?" I thought.

The next day, I found a phone on the road. I thought someone would be worried about it. So I took it to the police station. A man was there. He looked at me and said, "I think that's my phone. Can I see it?" Then he said, "Thank you very much." His happy face made me happy too.

This is my story. It is important to be like the young girl.

① Who helped the old woman?

② What is Shohei's message in this speech?

全訳 先週起きたことを話したいと思います。火曜日に，ぼくは1人のお年寄りの女性を見かけました。彼女は大きなバッグを運んでいました。それは重そうでした。ぼくはただ彼女を見ていました。すると，1人の若い女の子がそのおばあさんのところに走って行き，彼女のバッグを運びました。その子はぼくよりも若く見えました。彼女はおばあさんを助けたけれど，ぼくはそうしませんでした。「どうして助けてあげなかったんだろう？」とぼくは思いました。

次の日，路上で携帯電話を見つけました。誰かが心配しているだろうと思いました。だからそれを警察署へ持って行きました。そこには1人の男性がいました。彼はぼくを見て，「それは私の電話だと思う。

確かめてもいいかい？」と言いました。それから彼は「どうもありがとう」と言いました。彼のうれしそうな顔を見て，ぼくもうれしくなりました。

これがぼくの話です。あの若い女の子のようになることが大切です。

① お年寄りの女性を助けたのは誰か。
② このスピーチでのショウヘイのメッセージは何か。

---

043 ① writing ② river
③ original
④ 例 want to visit Italy

[解説] ①～③は，全訳の下線部①～③を利用して，①「英語のライティング活動と発表」，②「川へ行く」，③「英語でオリジナルの短編映画を作る」というワークシートを完成する。

④は，What country do you want to visit?（どの国へ行きたいですか）という問いの答えとして，I want to visit X[国名].（私は X を訪れたい）という文を作る。

[スクリプト] Good morning, everyone. Now, I'll tell you about what we're going to do during our English Day. Today, we'll have an English writing activity in the morning. In the afternoon, you'll have a presentation. Tomorrow, we'll go to a river. I'll show you how to catch big fish! On the last day, we'll make a short movie. You'll write your original story and make the movie in English. Let's have a good time together, and make your English better!

OK then, let's start the writing activity now. Enjoy writing and sharing your ideas in a group. First, I'll ask you some questions, so write your ideas on the paper. Question number one. What country do you want to visit? Write your answer now.

[全訳] 皆さん，おはようございます。これから，イングリッシュ・デイで何をする予定かについて皆さんにお伝えします。今日は，午前中に英語の①ライティング活動があります。午後は発表です。明日は，②川へ行きます。大きな魚を釣る方法を教えましょう！ 最終日は，短編映画を作ります。③オリジナルの話を書いて，英語で映画を作ります。一緒に楽しい時間を過ごして，英語を上達させましょう！

それでは，今から英作文の活動を始めましょう。グループで書いたり意見を交換したりして楽しんでください。まず，私がいくつか質問をするので，紙に自分の考えを書いてください。第 1 問。あなたはどの国を訪ねたいですか？ 今，答えを書いてください。

---

044 ① ウ ② エ

[解説] ①第 5 文に my friend doesn't use his just over 100,000 bees to make honey とある。下線部は「ちょうど[かろうじて]10万を超える（数の）」という意味。厳密にはそれが11万であるかどうかはわからないが，〈over ＋数字〉はその数字を含まないのでアは誤り。

　ア 10万匹　　イ 9万匹
○ウ 11万匹　　エ 100万匹

②最後から 3 番目の文を参照。

　ア 人々にハチミツを売ることによって
　イ 面白い仕事だから
　ウ 彼のハチは花粉を食べる
○エ 果物を栽培する農家が彼に金を払う

[スクリプト] My best friend is a beekeeper; do you know what that is? It is a person who has a bee farm. Now, a bee farm may sound strange. You know that people keep animals like cows, pigs, and chickens for meat, but he doesn't use bees for that. If you are guessing that we use bees to make honey, you are right, but you may be surprised to learn that my friend doesn't use his just over 100,000 bees to make honey. No. His bees are used to help flowers grow. Fruit farmers pay him to take his bees to their farms in the spring and let the bees fly from flower to flower. This moves pollen around so the plants can grow. My friend has an interesting job.

① How many bees does his friend have?
② How does his friend make money?

[全訳] 私の親友は養蜂家ですが，それが何か知っていますか。養蜂場を営む人のことです。さて，養蜂場というと奇妙に聞こえるかもしれません。ご存じのとおり人々は食肉用の牛，ブタ，ニワトリのような動物を飼いますが，彼はそのためにハチを使うわ

けではありません。私たちがハチミツを作るために
ハチを使うとあなたが推測しているなら，それが正
解ですが，私の友人は10万匹強のハチをハチミツを
作るために使うわけではないと知って驚くかもしれ
ません。違うのです。彼のハチは，花の成長を助け
るために使われます。果物を栽培する農家が彼にお
金を払って，春にハチを農場へ連れて行き，花から
花へと飛び回らせます。それによって花粉があちこ
ちに移動し，植物が育ちます。私の友人は面白い仕
事をしているのです。
①彼の友人は何匹のハチを飼っているか。
②彼の友人はどのようにして金をもうけるか。

【語句】

beekeeper「養蜂家」
bee farm「養蜂場，ミツバチの飼育場」
cow「牛」 guess「～を推測する」
honey「ハチミツ」 pollen「花粉」

---

045 ① ア　② ウ

【解説】①午後の最初の授業が始まるのは12時40分で，
その５分前には着席しているよう指示されている。
○ア 12時35分に。　イ 12時40分に。
　ウ ２時30分に。　エ ２時35分に。
②ア 生徒たちは大学へ行っていくつかの授業を
　受けるだろう。→第１段落の最後の文の内容
　に反する。
　イ 生徒たちは昼食の前に４つの授業を受けるだ
　ろう。→第２段落の第２文によれば，昼食の
　前に受ける授業は３つ。
○ウ 生徒たちは筆箱と紙を持ってくるだろう。→
　第２段落の最後から４番目の文の内容に一致
　する。something to write on は「（上に）
　書くためのもの」，つまり紙やノートなどのこ
　と。
　エ 全生徒がコンピュータ室で授業を受けるだろ
　う。→第２段落によれば，コンピュータ室へ
　移動する生徒と教室に残る生徒に分かれるの
　で誤り。

【スクリプト】

Good morning, everyone. Today, we
have a special event! Every year, we visit
a university and take real lessons that the
university students take, but this year we
can't go there because Covid-19 is going
around, so some teachers at the university

are coming to our school to give us some
lessons.

Now, I'm going to tell you about today's
schedule in my class. After you have your
third period lesson, please have lunch and
stay in this room. After lunch, you will
have two lessons today. You should be
seated five minutes before each lesson
begins. First, all the students will have the
same lesson here. We will learn the
history of France. The lesson will start at
12:40. After the first lesson, half of the
students will go to the computer room and
learn how to make a simple program.
Please don't forget to bring your pencil
case and something to write on. The other
half of the students will stay here and take
the English lesson. You have already
chosen which lesson you will take, but if
you have forgotten it, please let me know.
Both lessons will start at 2:30, so don't be
late.
① What time will the students have to sit
down to take the first lesson?
② Which is true?

【全訳】 皆さん，おはようございます。本日は特別イ
ベントがあります！ 毎年，私たちは大学を訪問して，
大学生が受ける本物の授業を受けるのですが，今年
は新型コロナウイルス感染症が流行しているため大
学へ行くことができませんから，大学の先生方が本
校に来て授業をしてくれます。
　では，私のクラスの今日のスケジュールを伝えま
す。３時間目の授業が終わったら昼食をとり，この
部屋にいてください。昼食後，皆さんは今日は２つ
の授業を受けます。それぞれの授業が始まる５分前
には着席していなければなりません。まず，全生徒
がここで同じ授業を受けます。フランスの歴史を学
びます。授業は12時40分に始まります。最初の授業
の後，生徒の半分はコンピュータ室に行き，簡単な
プログラムの作り方を学びます。筆箱と書く紙を忘
れずに持ってきてください。残りの半分の生徒はこ
こに残り，英語の授業を受けます。自分がどちらの
授業を受けるかは既に選んでいますが，もし忘れて
いたら私に伝えてください。どちらの授業も２時30
分から始まるので，遅れないように。
①生徒たちは最初の授業を受けるために何時に着席
しなければならないか。
②どれが正しいか。

046 ① Ⅰ キ　Ⅱ エ　Ⅲ ウ　Ⅳ ア
② エ　③ ウ

解説 ▶ 指示文の意味は次のとおり。

「あなたがアメリカに留学していると想像しなさい。登校初日に，10年生の生徒があなたの授業の時間割にある９年生の先生たちについてあなたに話しています。よく聞いて，次の３つの質問に答えなさい。話し手の声は２回聞こえます」

①「それぞれの先生はどの科目を教えるか。（Ⅰ）～（Ⅳ）に下のリストから科目の文字を入れなさい。それぞれの科目は一度しか使えない」という問い。選択肢は，

ア　生物学　　イ　化学　　　ウ　英語
エ　歴史　　　オ　家庭科　　カ　数学
キ　体育　　　ク　舞台芸術

左段には１〜４時間目の先生が上から順に並んでいる。それぞれの段落の内容から，サンチェス先生は体育，田中先生は歴史，ミラー先生は英語，スミス先生は生物学を教えていると判断できる。

②「４人の先生のうち，９年生の生徒たちは誰の授業を最も楽しむ傾向があるか」という問い。第４段落の内容から考えて，答えはエのスミス先生。

③「４人の先生のうち，誰が２番目に多くの宿題を出すか」という問い。出す宿題の量は，「田中先生＞ミラー先生＞サンチェス先生＞スミス先生」となる。したがって答えは，ウのミラー先生。なお，the second most は「２番目に多い」の意味。このように「〜番目の」の意味を表す語を最上級の前に置くと，「（上から数えて）〜番目に…な」という意味を表す。「彼はクラスで３番目に背の高い男子だ」なら，He is the third tallest boy in his class. と表現する。

スクリプト So, you have Mr. Sanchez 1st period. He makes you run a lot in class, and he gives homework, so some students don't like him. The homework will be things like doing morning stretches or something like that. But he usually gives it just once a week, so it's not too bad.

For 2nd period, you have Mrs. Tanaka. She gives a lot of homework, mostly reading, so you'll be busy. That's why many students say it's the toughest 9th grade class. There's a final report, too.

Mine was on Asian explorers in the 15th century, and I got an A on it.

Next you have Ms. Miller. She's really kind, maybe the kindest teacher at the school. She does give a lot of homework, but less than Mrs. Tanaka does. And you'll have to read novels, write book reports, and there's a poetry project. You have to write original poems for that. She doesn't accept late projects, though. That's the only thing she's strict about.

For 4th, you have Mr. Smith. His class is fun because there's lots of lab work. He also brings in small animals and plants for students to look at. His class is usually the most popular one in the 9th grade, and the best thing is he doesn't give homework.

全訳 それで，１時間目はサンチェス先生だ。彼は授業でたくさん走らせて，宿題も出すから，嫌いな生徒もいる。宿題は，朝のストレッチとかそんなものだ。でも，宿題はたいていは週に一度だけだから，それほど悪くない。

２時間目は田中先生だ。彼女は主に読書の宿題をたくさん出すから，忙しくなるだろう。だから９年生の授業で一番きついと言う生徒が多い。期末レポートもある。ぼくのは15世紀のアジアの探検家たちについてのレポートで，ぼくはＡをもらった。

次はミラー先生だ。彼女は本当に親切で，たぶんこの学校で一番親切な先生だ。宿題はたくさん出すけれど，田中先生ほどじゃない。小説を読んだり，読書感想文を書いたりする必要があって，詩の課題がある。そのためにオリジナルの詩を書かなければならない。でも，彼女は提出が遅れた課題は受け付けない。それだけが彼女の厳しい点だ。

４時間目はスミス先生だ。彼のクラスは実験室の作業がたくさんあるから楽しい。それに小動物や植物を持ち込んで生徒に見せてくれる。彼のクラスは９年生ではたいてい一番人気で，一番いいのは彼は宿題を出さないことだ。

語句

period「（授業の）時限」　stretch「ストレッチ（運動）」
mostly「たいてい，大部分は」
tough「きつい，難しい」
final report「期末レポート」　explorer「探検家」
poetry「詩歌」　project「（研究）課題」
original「オリジナルの」　poem「詩」

accept「～を受け入れる」
strict about ～「～について厳格な」　lab「実験室」
bring in ～「～を持ち込む」

⤴得点アップ

アメリカの学年は，小学校から通算で数える。
小学校が 6 年制の場合，「9 年生」は日本の中
学 3 年生，「10 年生」は高校 1 年生に当たる。
また，第 2 段落の get an A(A をとる)につい
ては，アメリカでは一般に A(優)，B(秀)，C
(良)，D(可)，F(不可：failure の頭文字で
「落第」ということ)の 5 段階で成績を評価する
ことを知っておこう。

第4回 実力テスト

1 ① (1) イ　 (2) ウ　 ② D

③ **(Because) They are (just) sleeping in the morning.**

解説 ① (1)美術館は東エリアにある。
(2)大きな庭園は南エリアにある。
②西エリアから南エリアへ行く新しい道路が建設
中なので，D は通れない。
③この公園でパンダを見るのに最適な時間が午後
なのはなぜか。→最後から 3 番目と 4 番目の文を
参考にして，「午前中は眠っている(だけだ)(か
ら)」と答える。

スクリプト Good morning!　Welcome to
ABC Park.　We have many places you can
enjoy.　You are now in the North Area.
There is a tall tower in this area, and you
can see it from all the areas of the park.
In the East Area, there is an art museum,
and you can enjoy beautiful pictures there.
In the South Area, there is a big garden.
You can see a lot of beautiful flowers
there.　But please be careful.　Now, we are
making a new road from the West Area to
the South Area.　So you can go to the
South Area only through the East Area.　If
you like animals, please visit our zoo in
the West Area.　You can see a lot of
animals there, and pandas are the most

popular animal in the zoo.　But if you see
pandas in the morning, they are just
sleeping.　So afternoon is the best time to
see them.　We hope you enjoy your time at
ABC Park.　Thank you!

全訳 おはようございます！ ABC パークへようこ
そ。ここにはあなたが楽しめる場所がたくさんあり
ます。あなたは今，北エリアにいます。このエリア
には高い塔があり，公園のどのエリアからも見るこ
とができます。東エリアには美術館があり，そこで
は美しい絵を楽しむことができます。南エリアには
大きな庭園があります。そこではたくさんの美しい
花を見ることができます。でも，気をつけてくださ
い。今，西エリアから南エリアへ新しい道路を建設
中です。そのため，南エリアへは東エリアを通って
しか行けません。動物が好きな方は，西エリアにあ
る動物園へおいでください。そこではたくさんの動
物を見ることができ，パンダが動物園の中でも一番
人気の動物です。しかし午前中に見ると，パンダは
眠っているだけです。ですので午後が彼らを見る
のに最適な時間です。ABC パークで楽しい時間をお過
ごしください。ありがとうございました！

2 ① イ

② 例 **bring food or drinks**

解説 ①第 5 文を参照。
ア　2 日間。　　○イ　2 週間。
ウ　10 日間。　　エ　10 週間。
②「図書館内でしてはならない 1 つのことを書い
てください」という問い。5 つの注意事項のうち，
禁止されていることを説明しているのは 4 番目。
これを利用して，「あなたは飲食物を持ち込んで
はならない」という文を作る。また，3 番目・5
番目の注意事項から，(You must not) use
your mobile phone(.)(携帯電話を使ってはな
らない)，(You must not) speak [talk]
loudly(.)(大声で話してはならない)と答えても
よい。

スクリプト I'll tell you about our new
library.　First, you need a library card to
borrow books.　If you live in Kagoshima
City, anybody can get a card.　Second, you
can borrow from one to ten books a day.
You have two weeks to read the books.
Then you must bring them back.　Third,

you must turn off your mobile phones in the library. You can bring your own computer, but please use earphones when you watch videos or listen to music. Fourth, you can't bring food or drinks here. There is a cafe next to the library. Lastly, please speak quietly in the library. Thank you.
①How long can you borrow books from the library?
②Please write one thing you must not do in the library.

全訳 新しい図書館についてお伝えします。第1に，本を借りるには図書館カードが必要です。鹿児島市内に住んでいれば，誰でもカードを入手できます。第2に，1日につき1冊から10冊まで本を借りることができます。読む期間は2週間あります。それから本を返却してください。第3に，図書館内では携帯電話の電源を切ってください。パソコンの持ち込みはできますが，動画を見たり音楽を聞いたりするときはイヤホンを使ってください。第4に，ここに飲食物を持ち込むことはできません。図書館の隣にカフェがあります。最後に，図書館内では静かに話してください。ありがとうございました。
①図書館から本を借りられる期間はどのくらいか。
②図書館内でしてはならないことを1つ書いてください。

3 ① ア ② エ ③ エ

解説 ①全訳の下線部①を参照。
○ア 病気だったから。
イ 元気だったから。
ウ 合唱コンクールがあったから。
エ 宿題があったから。
②ユウタによれば，歌の練習は20分間で，1時15分に始まる。したがって終わるのは1時35分。
③全訳の下線部③を参照。なお，more than 30 words は「30語より多い語数(＝31語以上)」の意味を表すのが普通だが，ここでは「30語以上」の意味で使っている。

スクリプト Hi, Sam. This is Yuta. Are you OK? I heard you were sick at home today. I hope you'll be fine soon. I want to tell you about two things we'll have next week at school. Our class will practice singing for a chorus contest. After lunch, we'll practice for 20 minutes every day. It begins at 1:15. The other thing is about our English homework. We need to write about our dream for the future. We'll use it in English class next Wednesday. It must be more than 30 words. See you next Monday. Bye.
①Why was Sam at home today?
②What time will Sam's class finish singing?
③Which is true about the homework?

全訳 もしもし，サム。ユウタです。だいじょうぶかい？ ①今日，病気で家にいたと聞いたけど。早く元気になるといいね。来週，学校で行われる2つのことを君に伝えたいんだ。ぼくらのクラスは，合唱コンクールのために歌の練習をすることになっている。昼食の後で毎日20分間練習する。開始は1時15分だ。もう1つは，英語の宿題について。③将来の夢について書かなくちゃならない。来週の③水曜日の英語の授業で使う。③30語以上でなければならない。じゃあ，来週の月曜日にね。さようなら。
①サムが今日家にいたのはなぜか。
②サムのクラスは何時に歌うのを終えるか。
③宿題について正しいのはどれか。

4 ① イ ② イ

解説 ①リチャードがカリフォルニアへ来たのはなぜか。
ア 両親と一緒に住んでいるから。
○イ 大学で学んでいるから。
ウ 大都市で暮らすのが大好きだから。
エ 旅行に興味があるから。
第5文を参照。
②リチャードは将来何をしたいか。
ア 犬と一緒に暮らすこと。
○イ 高校で教えること。
ウ 実家へ帰ること。
エ 空いた時間にバスケットボールをすること。
最後から5文目を参照。

スクリプト Hi, my name is Richard, but you can call me Ricky. Today, I'm going to tell you a little bit about myself. I was born in a small town in Texas. My parents still live there. I moved to California this

year for school. I love living in a big city.
It's a lot of fun. There are so many places
to go in California, so I'd like to make
some travel plans. I'm nineteen years old
and in my first year of university. I like
science and sports. In my free time, I like
to play basketball. In the future, I want to
become a teacher of science and also a
coach of a basketball team at a high
school. I also like dogs. Actually, I have a
dog at my parents' house. I want him to
live with me, but I can't have any pets in
my apartment. I miss my dog.

全訳 こんにちは，私の名前はリチャードですが，リッキーと呼んでください。今日は私自身のことを少し皆さんにお話しします。私はテキサスの小さな町で生まれました。両親は今でもそこに住んでいます。今年，学校へ行くためにカリフォルニアへ引っ越しました。大都会に住むのは大好きです。とても楽しいです。カリフォルニアには行くところがたくさんあるので，旅行の計画を立てたいと思っています。私は19歳で，大学1年生です。理科とスポーツが好きです。空いた時間にはバスケットボールをするのが好きです。将来は高校の理科の先生になって，バスケットボール部のコーチにもなりたいと思っています。また，私は犬が好きです。実は，実家で犬を飼っています。一緒に暮らしたいのですが，私のアパートではペットを飼うことができません。私の犬がいなくて寂しいです。

語句
miss「～が(い)なくて寂しく思う」

5 長めの会話を使った問題

047 ① エ ② ウ

解説 ①店員が「これはいかがですか。彼女[ジムの祖母]はその中に花を入れることができます」と言っているので，店員が見せたものは花びんだと考えられる。
②ジムは2,000円しか持っておらず，花びんの定価は2,500円だったが，店員が2,000円に割り引いてくれた。

スクリプト
Clerk: How can I help you?

Jim: I'm looking for something for my grandmother's birthday, but I only have 2,000 yen.
Clerk: OK. Then, how about this hat? It's the most popular in this shop. It's 1,500 yen.
Jim: Well, my grandmother doesn't go out often, so I don't want to buy her a hat.
Clerk: So, something she can use at home would be better, right?
Jim: Yes. I thought giving her flowers was a good idea, but my sister is going to give them to her.
Clerk: Then how about this? She can put the flowers in it.
Jim: That's a good idea! How much is it?
Clerk: Oh, I'm sorry. It's actually 2,500 yen, but ... 2,000 yen will be fine.
Jim: Thank you very much.
① What will Jim buy for his grandmother's birthday?
② How much will Jim pay?

全訳
店員：ご用はございますか。
ジム：祖母の誕生日に贈るものを探していますが，2,000円しか持っていません。
店員：わかりました。では，この帽子はいかがでしょう。当店で一番人気です。1,500円です。
ジム：そうですね，祖母はあまり外出しないので，帽子は買ってあげたくありません。
店員：では，家でお使いになるものの方がよろしいですね？
ジム：はい。花を贈るのがいい考えだと思ったのですが，花は姉[妹]が祖母に贈るつもりです。
店員：では，これはいかがですか。おばあさまは花を入れることができます。
ジム：それはいい考えだ！ おいくらですか。
店員：ああ，申し訳ございません。実は2,500円なのですが…2,000円でけっこうです。
ジム：ありがとうございます。
①ジムは祖母の誕生日に何を買うだろうか。
②ジムはいくら払うだろうか。

048 ① ア ② ウ ③ エ

解説 ①聡太は2番目の発言で，姉[妹]に会うため

にオーストラリアへ行くと言っている。

○ア 家族の一員に会うため。
イ ビーチをきれいにするため。
ウ 英語を学ぶため。
エ ジェーンの家族の家に泊まるため。

②聡太は海で泳ぎたかったが，ジェーンは3番目の発言で「とても寒くて泳げない」と言っている。

ア 聡太は姉[妹]と一緒に英語を学ぶべきだ。
イ 聡太はもっと父親と話をすべきだ。
○ウ 聡太は海に泳ぎに行くべきではない。
エ 聡太はビーチを散歩すべきではない。

③聡太の最後の発言から判断する。

ア 家族と一緒にたくさんの有名な場所を訪ねることができる。
イ 寒い天候での泳ぎ方を学ぶことができる。
ウ 海を見ないで楽しい時を過ごせる。
○エ 家族と話してきれいな海を一緒に見ることができる。

[スクリプト] (S=Sota, J=Jane)

S: Jane, guess what! I'm going to go to Australia this summer.
J: That's nice!
S: My sister is studying English in Sydney. My father and I are going to see her.
J: I see. I hope you enjoy your stay.
S: Thanks. I want to spend a lot of time with my sister there. Now I'm planning to go swimming in the sea with her.
J: I think you shouldn't do that. It's so cold that you can't swim. It will be winter when you are in Sydney.
S: Oh, that's too bad. I wanted to swim because Sydney is famous for its beautiful sea.
J: Well, how about walking along the beach? You can enjoy talking with your sister and watching the beautiful sea. I think your father also wants to talk with your sister a lot.
S: I like your idea! We can talk together and watch the beautiful sea at the same time. Thanks, Jane.
① Why is Sota going to go to Sydney?
② What does Jane say about Sota's plan in Sydney?
③ Why does Sota like Jane's idea?

[全訳]

聡太：ジェーン，聞いて！ ぼくは今年の夏にオーストラリアへ行くよ。
ジェーン：それはすてきね！
聡太：姉[妹]がシドニーで英語を勉強している。父とぼくが姉[妹]に会いに行くんだ。
ジェーン：なるほど。滞在を楽しんでね。
聡太：ありがとう。向こうでは姉[妹]とたくさんの時間を過ごしたいね。今は一緒に海で泳ぐ計画を立てているんだ。
ジェーン：それはしない方がいいと思うわ。とても寒くて泳げないから。シドニーに行くときは冬よ。
聡太：ああ，それは残念だ。シドニーはきれいな海で有名だから，泳ぎたかったのに。
ジェーン：じゃあ，ビーチを歩くのはどう？ お姉[妹]さんと話したり，きれいな海を見たりして楽しめるわ。お父さんもお姉[妹]さんとたくさん話したいと思うし。
聡太：いい考えだね！ 一緒に話して，同時にきれいな海を見ることもできる。ありがとう，ジェーン。

①聡太はなぜシドニーへ行くつもりなのか。
②ジェーンはシドニーでの聡太の計画について何と言っているか。
③聡太はなぜジェーンの考えを気に入ったのか。

[語句]

Guess what. 「ちょっと聞いて，当ててみて」（会話を切り出すときの決まり文句）

049 ① ア ② ウ ③ エ

[解説] ①全訳の下線部①を参照。Is Jane ...? という質問には Yes, she is. と答える。
○ア はい，しています。
イ いいえ，していません。
ウ はい，そうでした。
エ いいえ，違いました。

②全訳の下線部②を参照。
ア 彼女と一緒に買い物に行きたい。
イ 彼女や日本の若者と一緒にアイスクリームを食べたい。
○ウ 彼女と一緒に博物館へ行きたい。
エ 彼女と一緒に東京の大衆文化を楽しみたい。

③ア 東京へは以前行ったことがあるので，東京について多くのことを知っている。→全訳の下線部③アの内容に一致しない。
イ 若者がふだん東京で食べない食べ物を食べてみたいと思っている。→全訳の下線部③イの

内容に一致しない。東京の若者が食べている special ice cream を食べてみたいと言っている。

ウ 服や食べ物のような江戸の人々の生活について健太に話した。→全訳の下線部③ウの内容に一致しない。

○エ 健太と一緒に東京の文化の古いものや新しいものを見るだろう。→全訳の下線部③エから考えて正しい。

[スクリプト]

Kenta: Our train will get to Tokyo soon, Jane. You look excited.

Jane: Yes! This is my first time to visit Tokyo. I like the popular culture of Tokyo. I want to enjoy shopping and eating special ice cream like young Japanese people. What do you think, Kenta?

Kenta: Great idea. But first I want to go to the Edo Tokyo Museum with you.

Jane: The Edo Tokyo Museum? I know that Tokyo was called Edo a long time ago. What can we see there?

Kenta: Well, the museum shows the history and culture of Edo. You can learn about people's lives in Edo like their clothes and food.

Jane: Interesting. If I know these things about Edo, I think I can enjoy Tokyo more.

Kenta: I think so, too. It's important to learn about old and new things from a culture when you try to understand it.

Jane: So, we will go to the museum and go shopping.

① Is Jane excited when she is taking with Kenta?

② What does Kenta want to do with Jane in Tokyo first?

③ Which is true about Jane?

[全訳]

健太：ぼくらの列車はもうすぐ東京に着くよ，ジェーン。①君はわくわくしているようだね。

ジェーン：①ええ！ ③ア東京に行くのは初めてよ。私は東京の大衆文化が好きなの。③イ日本の若い人たちみたいに，ショッピングをしたり特別なアイスクリームを食べたりして楽しみたいわ。どう

思う，健太？

健太：いい考えだね。②でも最初に，君と一緒に江戸東京博物館に行きたいんだ。

ジェーン：江戸東京博物館？ 東京がずっと昔に江戸と呼ばれていたことは知っているわ。そこでは何が見られるの？

健太：そうだね，③ウその博物館は江戸の歴史や文化を展示しているんだ。服装や食べ物のような，江戸の人々の生活について知ることができるよ。

ジェーン：面白いわね。江戸についてそんなことを知れば，東京をもっと楽しめそう。

健太：ぼくもそう思う。③エ文化を理解しようとするときは，その文化の古いものと新しいものを知ることが大切だ。

ジェーン：③エじゃあ，私たちは博物館に行ってからショッピングに行くのね。

①ジェーンはケンタと話しているときわくわくしているか。

②ケンタは東京でジェーンと一緒に最初に何をしたいか。

③ジェーンについて正しいのはどれか。

⊿得点アップ

①は，読み上げられた Is Jane excited when …? という質問に対して，Yes, she is. と Yes, she did. のどちらかを選ぶよう求めている（正解は前者）。このように，内容に加えて文法的に正しい形を選ぶタイプの質問がある。

---

050 ① エ ② イ

[解説] ①後半の会話から，ボブはユニフォームを家に置き忘れたのではなく，自分のバッグの弁当箱の下に入れていたことがわかる。

ア 家の玄関で。

イ ボブの部屋の箱の中で。

ウ 台所のテーブルの近く。

○エ ボブのバッグの中の弁当箱の下で。

②ボブはサッカーシューズを家の玄関に置き忘れていた。ニーナはそれを10分後に車で届けてあげるとボブに伝えている。

ア ボブのシューズを見つけるために玄関を掃除するだろう。

○イ ボブのサッカーシューズを持ってスタジアムへ行くだろう。

ウ ボブのサッカーシューズを家で探すだろう。

エ ボブに弁当を作って，スタジアムへ持って行くだろう。

スクリプト

Bob: Nina? I need your help. Are you at home now?

Nina: Yes, Bob. What's the matter?

Bob: Well, I'm at the soccer stadium. Practicing before the match will start in 20 minutes. But, I can't find my soccer uniform.

Nina: What? Today's match is very important and you prepared well last night, right?

Bob: Yes, I think so. But my uniform is not here. Can you go and look around my room? Its color is blue.

Nina: Of course, Bob. Please wait ... OK, I'm in your room, now.

Bob: I guess I put my uniform inside the box by the door. Please open it.

Nina: ... No, there is no uniform here. Any other places?

Bob: Oh, around the table in the kitchen! When I took my lunch box there, I had the uniform with me.

Nina: ... Around the table? No, it's not here. Bob, are you sure that you left it?

Bob: What do you mean?

Nina: I think you are excited now. How about looking inside your bag once again?

Bob: OK... ...Wow! Sorry, you are right! It's here under the lunch box!

Nina: I knew it. Please relax, Bob. Now, you are ready.

Bob: Yes. Thank you very much.

Nina: You're welcome. Please try your best! I'll go and watch your match soon. ...Oh? Here are your soccer shoes at the entrance.

Bob: Oh no! I forgot to bring my soccer shoes!

Nina: Don't worry, Bob. I will bring these shoes to you in 10 minutes by car.

Bob: Thank you again, Nina. I'll wait for you.

Nina: No problem. See you soon.

① Where was Bob's soccer uniform found?
② What will Nina do next?

全訳

ボブ：ニーナ？ 助けてほしいんだ。今は家にいる？

ニーナ：ええ，ボブ。どうしたの？

ボブ：ええと，ぼくはサッカー場にいるんだ。試合前の練習が20分後に始まる。でも，サッカーのユニフォームが見つからない。

ニーナ：ええ？ 今日の試合はとても大切で，ゆうべ十分に準備したんでしょう？

ボブ：うん，そう思う。でも，ぼくのユニフォームがここにないんだ。ぼくの部屋を見に行ってくれない？ 色は青だよ。

ニーナ：もちろんよ，ボブ。ちょっと待ってて…。いいわ，今あなたの部屋よ。

ボブ：ユニフォームはドアのそばの箱の中に入れたと思うんだ。それを開けて。

ニーナ：…いいえ，ここにはユニフォームはないわ。他の場所は？

ボブ：ああ，台所のテーブルの近くだ！ 弁当箱をそこへ持って行ったとき，ユニフォームも持っていたよ。

ニーナ：…テーブルの近く？ いいえ，ここはないわ。ボブ，本当に家に忘れたの？

ボブ：どういうこと？

ニーナ：あなたは今，興奮してると思うわ。もう1回バッグの中を見てみたらどう？

ボブ：わかった… …わあ！ ごめん，そのとおりだった！ 弁当箱の下にあったよ！

ニーナ：やっぱりね。ボブ，落ち着いて。じゃあ，準備はできたわね。

ボブ：うん。どうもありがとう。

ニーナ：どういたしまして。頑張ってね！ もうすぐ試合を見に行くわ。…あら？ 玄関にサッカーシューズがあるわよ。

ボブ：ああ，しまった！ サッカーシューズを持ってくるのを忘れちゃった！

ニーナ：心配しないで，ボブ。10分後に車でシューズを持って行ってあげる。

ボブ：たびたびありがとう，ニーナ。待ってるよ。

ニーナ：だいじょうぶよ。じゃあね。

①ボブのサッカーのユニフォームはどこで見つかったか。

②ニーナは次に何をするだろうか。

051 ① ウ ② イ ③ エ

解説 ①ジャックはふだん 7 時40分に家を出て，学校までは30分かかると言っている。

ア　7 時10分に。　　イ　7 時40分に。

〇ウ　8 時10分に。　　エ　8 時30分に。

②ジャックの 4 番目の発言から判断する。

ア　ヨシエが夕食後, 彼に日本の歌を教えたから。

〇イ　父親の日本での経験が彼にとって興味深かったから。

ウ　父親が時々日本語の本を読んだから。

エ　クラスメイトたちが彼と話す機会があったから。

③ジャックの最後の発言から判断する。

ア　自転車で学校へ来た。

イ　ヒロシの家族と話した。

ウ　書道を練習した。

〇エ　それ［カナダ］についてのポスターを作った。

スクリプト (M=Maki, J=Jack)

M: Hello, Jack. Today I will ask you some questions. When did you come to Japan?

J: I came to Japan two weeks ago. I will stay in Japan for three more weeks.

M: How do you come to school?

J: I come to school by bicycle. I usually leave home at 7:40. It takes thirty minutes to school. I am surprised to see many cars every day.

M: I see. How is your stay here?

J: Great. I am staying with Hiroshi's family. I enjoy talking with his family after dinner. His sister, Yoshie, is a music teacher and she often teaches me Japanese songs. I can learn Japanese from them, too.

M: Sounds good. Why did you want to study in Japan?

J: My father came to Japan to study Japanese when he was a college student. He told me about his experiences in Japan. They were interesting, so I decided to study in Japan someday.

M: I see. Does your father still study Japanese?

J: Yes, he does. He sometimes reads Japanese books.

M: That's wonderful. Do you enjoy your school life here?

J: Yes. I have a good time. My classmates often try to talk to me. I am happy to have a chance to communicate with them.

M: That's good. What do you like to do during your free time?

J: I like to practice calligraphy. A friend of mine teaches it to me. I want to be good at it.

M: Do you have anything to tell the students of this school?

J: I want to tell them about my country. So I made a poster about Canada three days ago. You can see it on the wall.

M: Thank you very much. I really enjoyed talking with you.

① What time does Jack usually arrive at school?

② Why did Jack decide to come to Japan?

③ What did Jack do to tell the students about Canada?

全訳

マキ：こんにちは，ジャック。今日はあなたにいくつか質問があるの。あなたはいつ日本へ来たの？

ジャック：2 週間前に来たよ。もう 3 週間日本に滞在するんだ。

マキ：どうやって通学しているの？

ジャック：自転車で通学しているよ。ふだんは 7 時40分に家を出るんだ。学校まで30分かかるよ。毎日たくさんの車を見て驚いている。

マキ：なるほど。ここに滞在した感想はどう？

ジャック：最高さ。ぼくはヒロシの家に泊まっている。夕食の後で彼の家族と話すのは楽しいよ。彼のお姉さんのヨシエさんは音楽の先生で，よくぼくに日本の歌を教えてくれる。その歌からも日本語を学べるよ。

マキ：いいわね。なぜ日本で勉強したかったの？

ジャック：父が大学生のときに日本語を勉強するために日本へ来たんだ。父は日本での自分の経験についてぼくに話してくれた。それが面白かったから，いつか日本で勉強しようと決めたんだ。

マキ：なるほど。お父さんはまだ日本語を勉強しているの？

ジャック：うん，勉強しているよ。父は日本語の本を時々読んでいる。

マキ：すてきね。ここでの学校生活は楽しい？

ジャック：うん。楽しく過ごしているよ。クラスメイトたちは，よくぼくに話しかけようとしてくれ

る。彼らとコミュニケーションをとる機会を持ててうれしいよ。

マキ：それはよかったわ。空いた時間には何をするのが好き？

ジャック：ぼくは書道を練習するのが好きだ。友だちの1人が教えてくれるんだ。上手になりたいよ。

マキ：この学校の生徒に何か伝えたいことはある？

ジャック：ぼくの国の話をしたいな。だから，3日前にカナダについてのポスターを作ったんだ。壁に貼ってあるよ。

マキ：どうもありがとう。あなたと話して本当に楽しかったわ。

① ジャックはふだん何時に学校に着くか。
② ジャックはなぜ日本へ来ることに決めたか。
③ ジャックはカナダについて生徒たちに伝えるために何をしたか。

---

052 ① イ ② ア ③ ウ ④ エ ⑤ イ

解説 ①会話の状況から考えて，2人は電車に乗っている。

ア 学校にいる。　　○イ 電車に乗っている。
ウ 書店にいる。　　エ バス停にいる。

②ジャックの4番目の発言を参照。

○ア 朝は人でいっぱいだと思っている。
イ 電車には人がほとんど乗っていないと思っている。
ウ 多くの人々がお互いと話していると思っている。
エ 人々は人気のある音楽を聞かないと思っている。

③ジャックの5番目の発言を参照。

ア 学校へ来ている。
イ お互いと話している。
○ウ 自分の電話を見ている。
エ 音楽を聞いている。

④ジャックの6番目の発言を参照。

ア ドアをきれいにしている。
イ 自分の電話を使っている。
ウ 駅を見ている。
○エ 音楽を聞いている。

⑤ア マユミとジャックはいつも一緒に登校する。
→対話文最初の3つの発言から，2人はこの日にたまたま同じ電車に乗り合わせたと考えられるので誤り。

○イ ジャックは自分の国では電車内で電話を使わ

なかった。→ジャックの5番目の発言から考えて正しい。

ウ マユミは電車内では電話を全く使わない。→マユミは5番目の発言で「私は電車の中でよく自分の電話を見る」と言っているので誤り。

エ ジャックは友だちと話すより音楽を聞く方が好きだ。→ジャックの最後の発言内容に反するので誤り。

スクリプト (J=Jack, M=Mayumi)

J: Hi, Mayumi. I'm glad to be with you on the same train.

M: Me, too. Do you always go to school by train?

J: Yes, I do.

M: What do you think of Japanese trains?

J: I like Japanese trains. They are clean and always come on time. But I don't like one thing about Japanese trains.

M: Oh, what is that?

J: There are so many people on the train, especially in the morning. It's too crowded!

M: I think so, too. Have you ever seen any interesting things on the train?

J: Sure. For example, look at those boys over there. They are looking at their phones. I didn't know so many people use phones on the train in Japan. I didn't do that on the train in my country.

M: Oh, is that so? I often look at my phone on the train.

J: Oh, Mayumi, look at that man by the door. I think he is listening to music with his earphones. Is that popular in Japan?

M: I think so, but I've never listened to music on the phone. How about you, Jack?

J: Not, very often. I like talking with my friends on the train better. Oh, it's my station. Good-by, Mayumi.

M: See you.

① Where is Mayumi now?
② What does Jack think of Japanese trains?
③ What are the boys on the train doing now?

④ What is the man by the door doing?
⑤ Which is the right answer?

全訳

ジャック：やあ，マユミ。同じ電車で一緒になれて
　うれしいよ。
マユミ：私もよ。あなたはいつも電車で通学してい
　るの？
ジャック：うん，そうだよ。
マユミ：日本の電車をどう思う？
ジャック：日本の電車は好きだよ。清潔で，いつも
　時間どおりに来る。でも，日本の電車で気に入ら
　ないことが1つあるんだ。
マユミ：まあ，それは何？
ジャック：電車に乗っている人が多すぎる，特に朝
　はね。混雑しすぎだよ！
マユミ：私もそう思うわ。電車に乗っていて何か面
　白いものを見たことはある？
ジャック：もちろん。たとえば，向こうの男の子た
　ちを見て。彼らは電話を見ている。日本ではこん
　なに多くの人が電車内で電話を使うとは知らな
　かったよ。ぼくは母国では電車の中で電話を使わ
　なかった。
マユミ：まあ，そうなの？　私はよく電車の中で自分
　の電話を見るわ。
ジャック：ほら，マユミ，ドアのそばのあの男の人
　を見て。彼はイヤホンで音楽を聞いていると思う。
　そういうことをするのは日本では人気があるの？
マユミ：そう思うけど，私は電話で音楽を聞いたこ
　とはないわ。あなたはどう，ジャック？
ジャック：あまりないね。ぼくは電車の中では友だ
　ちと話す方が好きだ。おっと，ぼくの降りる駅だ。
　じゃあね，マユミ。
マユミ：またね。

① マユミは今どこにいるか。
② ジャックは日本の電車をどう思っているか。
③ 電車内の男の子たちは今何をしているか。
④ ドアのそばの男性は何をしているか。
⑤ 正しいものはどれか。

053　①イ　②イ　③エ

解説 ①彼らはおそらく何時にコンサートホールに
　着くだろうか。
　　彼らは4時に駅を出て，15分後にコンサートホー
　ルに着くことになる。
②彼らは何時に駅で会うだろうか。
　　花を買う時間を20分と考えて，彼らは4時より20

分前の3時40分に会おうとしている。
③男性の携帯電話の番号は何か。
　男性の最後の発言を参照。

スクリプト

M: Why don't we go to Meg's concert
　together tomorrow?
W: Good idea. What time shall we meet?
M: Do you know what time the concert
　starts?
W: The concert starts at 4:30. It will take
　15 minutes from the station to the
　concert hall. So we should arrive at the
　station at 4:00.
M: OK, but first I want to buy flowers for
　Meg at the station. What do you think?
W: Sounds good. How much time will it
　take to buy flowers?
M: 15 minutes? No, maybe 20 minutes.
W: Well, then, let's meet at the station at
　20 to 4:00.
M: Yes, I think so. If there is any change,
　please let me know. My new cellphone
　number is 061-0057.

全訳

男：明日メグのコンサートに一緒に行かない？
女：いい考えね。何時に会いましょうか？
男：コンサートは何時に始まるか知っている？
女：コンサートは4時30分に始まるわ。駅からコン
　サートホールまでは15分かかる。だから駅には4
　時に着くべきね。
男：わかった，でも，まず駅でメグのために花を買
　いたいんだ。どう思う？
女：いいわね。花を買うのにどのくらい時間がかか
　りそう？
男：15分？　いや，たぶん20分だ。
女：そうね，じゃあ，4時の20分前に駅で会いましょ
　う。
男：うん，ぼくもそう思うよ。変更があれば知らせ
　て。ぼくの新しい携帯電話の番号は，061-0057だ。

得点アップ

②は，女性の最後の発言中の20 to 4:00を
正しく聞き取る必要がある。これは「4時まで
20分（ある）」，つまり「3時40分」ということ。
Let's meet at the station at 3:40. と言っ
てもよいところを，この問題では難度を引き上

げるためにあえて3:40ではなく20 to 4:00と言っている。時刻に関する問いではこのような表現が使われることもあるので，頭に入れておこう。

054 ①イ ②ウ ③イ ④ウ

解説 ①彼らはどこにいるか。
ア 市役所にいる。
○イ 電車の駅にいる。
ウ タクシー乗り場にいる。
エ バス乗り場にいる。
会話中に出てくる change trains（電車を乗り換える）などから判断する。
②女性は最初に何をしようとしているか。
ア 電車を乗り換える。
イ シャトルバスに乗る。
○ウ 正しいホームへ行く。
エ 切符売り場へ行く。
男性は2番目の発言で，女性にまず（今いる4番ホームではなく）6番ホームへ行くように伝えている。
③エアポート駅は路線図上のどれか。
男性は女性に，スタジアム線に乗って2番目の駅で乗り換えるように言っている。したがって2がエアポート駅。
④空港へ着くのにどのくらい時間がかかるか。
ア 約10分。　イ 約20分。
○ウ 約30分。　エ 約3時間。
男性によれば，エアポート駅まで電車で約20分。そこから空港までバスで10分かかる。

スクリプト
W: Excuse me. I would like to go to the airport. Which line should I take? I think I'm completely lost. My flight is in 3 hours. I might miss my flight!
M: First of all, please calm down. Then, I'll tell you the way to the airport. OK? You should breathe deeply.
W: [Take a deep breath] OK. Now I'm ready.
M: Good. At first, you are on the wrong platform. This is Platform 4. You should go to Platform 6. To Platform 6, go down the stairs, go straight and turn right.
W: Yes, I got it. What's next?
M: Perfect. Next, you should take the Stadium Line and change trains at the second stop from here. You can catch an airport express train and it will take you straight to Airport Station. You got it? Be careful not to take the Seaside Line.
W: It's all good. Thank you.... Wait. How long does it take from here to the airport?
M: Let me check.... To Airport Station, you need about 20 minutes, but you also need a 10 minutes' bus ride to the airport.
W: OK. I think I can probably make it. Thank you so much.
M: No problem. Have a nice flight!

全訳
女：すみません。空港へ行きたいのですが。どの線に乗ればいいですか。完全に迷ったようです。私の便は3時間後です。乗り遅れるかもしれません！
男：まず，落ち着いてください。それから，空港への行き方をお伝えします。いいですか？ 深呼吸をした方がいいですね。
女：[深呼吸をして]はい。準備できました。
男：よろしい。まず，あなたは間違ったホームにいます。ここは4番ホームです。あなたは6番ホームへ行くべきです。6番ホームへは，階段を下ってまっすぐ進み，右へ曲がってください。
女：はい，わかりました。次は何ですか。
男：完ぺきです。次にスタジアム線に乗り，ここから2番目の駅で乗り換えてください。空港へ行く急行電車に乗って，エアポート駅へ直行できます。わかりましたか？ シーサイド線に乗らないよう注意してください。
女：全部わかりました。ありがとう…。待って。ここから空港までどのくらい時間がかかりますか。
男：お調べします…。エアポート駅までは約20分必要ですが，空港まで10分間バスに乗る必要があります。
女：わかりました。たぶん間に合うと思います。ありがとうございます。
男：どういたしまして。よい旅を！

語句
completely「完全に」 lost「道に迷って」
miss「～に乗り遅れる」 first of all「何よりもまず」
calm down「落ち着く」

breathe deeply = take a deep breath
「深呼吸する」
platform「(電車の)ホーム」
go down the stairs「階段を下る」
be careful not to *do*「～しないよう注意する」
bus ride「バスに乗ること」 make it「間に合う」

---

055 ① イ ② ウ ③ エ

解説 ①女性は7月4日のパーティーに…個のパイ
を出すつもりだ。
　女性の最初の発言から，作っている15個のパイの
うち4つは近所に配り，1つは今夜の夕食用にす
る。残る10個が7月4日のパーティー用になる。
②女性は男性の…である。
　女性は息子のエリックからブルーベリーをもらっ
た。エリックは男性にとって「おじさん」に当た
る。つまり男性の親(X)はエリックと兄弟姉妹の
関係にあり，女性はXとエリックの母親である。
したがって女性は，男性の祖母である。
③女性はパイに…を使わない。
　パイを作る過程で，女性は男性に，砂糖，レモン
ジュース，塩の順に加えるよう指示している。
「シナモンは入れないの？」という男性の質問に，
女性はNo(入れない)と答えている。

スクリプト

M: How many pies are we making today?
W: 15. Four to give to the neighbors, one
　　for dinner tonight. And the others are
　　for the party on the 4th of July.
M: Your pies are always popular. And
　　every year you make more.
W: I know. But we can't invite people
　　from outside of the state this year
　　because of COVID-19. So, we'll celebrate
　　only with our close friends and relatives.
M: What can I do for you?
W: Well, there are 15 pounds of blueberries
　　here. I've already washed them. Look
　　them over and pick out the ones which
　　are damaged or green.
M: OK.
W: Then put them in that bowl there and
　　add 8 cups of sugar.
M: Got it. These berries are big. Where
　　did you get them?
W: From my son. You know Eric. He

came back to town and started a small
farm 4 years ago.
M: Oh, uncle Eric. I remember seeing him
　　when I was a little boy.
W: He said he is going to join the party
　　this year. Your father and Eric were
　　always fighting when they were young.
　　They still aren't friendly to each other.
　　Now they live in the same town, so I
　　hope they will get along.
M: Right. My father doesn't talk much
　　about uncle Eric.
W: Anyway, they're going to see each other
　　on the 4th of July. And this pie will
　　make their relationship better.
M: What else do we need?
W: We'll add this lemon juice. And a little
　　bit of salt.
M: Salt? Really?
W: Yes. A little bit of salt makes the pie
　　much sweeter.
M: Don't you add cinnamon?
W: No. Some people may like the taste of
　　cinnamon in blueberry pie but I don't.
M: Is that all?
W: Yes. So far so good.

全訳

男：今日はパイを何個作るの？
女：15個よ。4つはご近所にあげるため，1つは今
　　夜の夕食用。残りは7月4日のパーティー用よ。
男：あなたのパイはいつも人気が高いよ。それで例
　　年はもっとたくさん作るよね。
女：そうなの。でも今年は新型コロナウイルス感染
　　症のせいで，州外から人を招待できないわ。だか
　　ら，親しい友だちや親戚とだけお祝いをするの。
男：何かぼくにできることはある？
女：そうね，ここに15ポンドのブルーベリーがある
　　わ。もう洗ってあるの。それに目を通して，傷ん
　　でいるのや熟していないのを取り除いて。
男：いいよ。
女：それから，それをそこのボウルに入れて，砂糖
　　を8カップ加えて。
男：わかった。このベリーは大きいね。どこで手に
　　入れたの？
女：息子からもらったのよ。ほら，エリックよ。4
　　年前に，町に戻って小さな農場を始めたの。
男：ああ，エリックおじさんか。小さいころに会っ
　　たのを覚えているよ。

女：今年は彼もパーティーに来ると言っていたわ。あなたのお父さんとエリックは，若いころいつもけんかをしていたわね。2人はお互いにまだ仲がよくないわ。今は同じ町に住んでいるから，仲良くしてくれるといいんだけど。

男：そうだね。父さんはエリックおじさんのことはあまり話さない。

女：とにかく，2人は7月4日に顔を合わせるわ。そしてこのパイが2人の関係をよくするでしょう。

男：他には何が必要？

女：このレモンジュースを加えるの。それから塩を少し。

男：塩？ 本当に？

女：ええ。少し塩を入れると，パイがずっと甘くなるのよ。

男：シナモンは入れないの？

女：入れないわ。ブルーベリーパイにシナモン味がするのを好む人もいるかもしれないけれど，私は好きじゃないから。

男：それで全部？

女：そうね。今のところ順調よ。

語句

neighbor「隣人」 state「(アメリカの)州」
COVID-19「新型コロナウイルス感染症」
celebrate「(～を)祝う」 relative「親戚」
pound「ポンド」(重量の単位。1ポンドは約450グラム)
blueberry「ブルーベリー」
look ～ over「～にざっと目を通す」
pick out ～「～を選ぶ，取り除く」
damaged「傷んだ」 green「熟していない」
bowl「ボウル，鉢」 add「～を加える」
fight「けんかをする」 get along「仲良くする」
relationship「(人間)関係」 cinnamon「シナモン」
So far so good.「今のところ順調だ」

⤴得点アップ

COVID-19(新型コロナウイルス感染症)は，リーディングでもリスニングでも重要な語である。数字を含む会話などにこれが出てくると頭が混乱しやすいので注意。

056 ① ア ② ウ ③ イ ④ エ

解説 ①トムの2番目の発言から，その直後に答えている女性がケイコ，もう一方がジェーンである。したがってこの対話文で最初の発言をしたのは

ジェーンであり，彼女の2番目の発言からクリスマスには祖母に会うとわかる。

○ア 祖母に会う予定だ。
イ 家族と一緒に教会へ行く予定だ。
ウ 家でクリスマスディナーを食べる予定だ。
エ シアトルの祖父母を訪ねる予定だ。

②全訳のトムの発言を参照。

ア 野球をするのは好きだが，他のスポーツをするのは好きではない。
イ 野球をするのが好きなので，有名な野球選手になりたい。
○ウ 野球はしないが，野球のテレビゲームをするのは得意である。
エ 野球のテレビゲームをするのが好きだが，野球を見るのは好きではない。

③ Kuro は茶色の犬である。ジェーンと家族は，Kuro の名前をつけた時点では，日本語の *kuro* が英語では black の意味だと知らなかった。だから茶色の犬を Kuro と呼んでいる。トムはそれを愉快だと思った，ということ。

ア ジェーンが既に3匹の犬を飼っているのに子犬をほしがっているから。
○イ ジェーンと家族が，飼い犬が茶色なのにそれを Kuro と呼んでいるから。
ウ ジェーンは柴犬を1匹飼っているのに，柴犬が茶色の犬だと知らなかったから。
エ ジェーンの父親は *kuro* がどういう意味かを知っていたのに，茶色の犬を Kuro と名づけたから。

④ケイコの最後の2つの発言から判断する。

ア ホストファミリーと一緒にシアトルへ行ったことがある。
イ mongrel の意味を以前知っていた。
ウ black が日本語では「黒」を意味すると知らなかった。
○エ 翻訳者になるために英語を勉強している。

スクリプト (J=Jane, T=Tom, K=Keiko)

J: Christmas is just around the corner!
T: Yeah, I can't wait.
K: Me, neither.
J: My grandmother will come home on Christmas. I haven't met her for a year, so I'm looking forward to seeing her.
T: What are you going to do, Keiko?
K: My host family and I are going to

church and then having dinner at home. I'm looking forward to eating Christmas dinner. How about you, Tom?

T: My family spend Christmas with my grandparents in Seattle every year.

K: That's nice! I have never been to Seattle. I'll ask my host parents to take me there someday.

J: Well, what do you want for Christmas?

T: I want a video game! Tomorrow, the new baseball video game will go on sale!

J: You really like baseball.

K: Are you good at playing baseball?

T: No way. I don't play any sports. I like watching baseball games and playing baseball video games. Actually, I'm very good at online baseball. I'm a little famous.

K: I see. Jane, what do you want for Christmas?

J: I want a puppy. Yesterday, I went to a pet shop and saw a very cute puppy.

K: What kind of puppy?

J: It's a mongrel.

K: What is a mon ...

J: Mongrel. It means a mixed breed.

K: Oh, mixed. I understand.

T: But you already have three dogs, don't you?

J: Yes. But I don't have a black dog. Two of them are white, and the other is brown. Oh, Keiko, the brown one is a Japanese dog, *shiba-inu*. We call her Kuro.

K: Kuro? That's strange. *Kuro* means 'black' in English.

J: I know, but my father chose the name. Actually, we thought *kuro* meant brown then. We learned that *kuro* means black two years later!

T: That's funny.

J: Then, what do you want for Christmas, Keiko?

K: Well, I want some English books and dictionaries. I want to study English more.

T: Wow, you're diligent. You speak English very well.

K: Thank you. I want to be a translator in the future.

T: I want to be a famous baseball player!

J: Online, right?

T: That's right.

① What is Jane going to do on Christmas?

② Which is true about Tom?

③ Why did Tom say, "That's funny?"

④ Which is true about Keiko?

全訳

ジェーン：クリスマスはもうすぐね！

トム：うん，待ちきれないよ。

ケイコ：私もよ。

ジェーン：おばあちゃんがクリスマスにうちに来るの。1年間会っていないから，会うのが楽しみよ。

トム：君は何をする予定なの，ケイコ？

ケイコ：ホストファミリーと教会へ行って，家でディナーを食べるわ。クリスマスディナーを食べるのが楽しみよ。あなたはどう，トム？

トム：ぼくの家族は毎年シアトルの祖父母の家でクリスマスを過ごすんだ。

ケイコ：いいわね！ シアトルには一度も行ったことがないわ。ホストファミリーのご両親に，いつかそこへ連れて行ってもらうよう頼むつもりよ。

ジェーン：ところで，あなたはクリスマスに何がほしい？

トム：テレビゲームがほしいな！ 明日，新しい野球のテレビゲームが発売されるんだ！

ジェーン：本当に野球が好きなのね。

ケイコ：あなたは野球をするのが上手なの？

トム：全然。スポーツは何もしないよ。野球の試合を見るのと，野球のテレビゲームをするのが好きなんだ。実際，ネットの野球はとても上手だよ。ちょっと有名人なんだ。

ケイコ：なるほど。ジェーン，あなたはクリスマスに何がほしいの？

ジェーン：私は子犬がほしいわ。きのう，ペットショップに行ってとてもかわいい子犬を見たの。

ケイコ：どんな種類の子犬？

ジェーン：mongrel よ。

ケイコ：mon …って何？

ジェーン：mongrel。雑種犬のことよ。

ケイコ：ああ，雑種ね。わかったわ。

トム：でも君は，もう3匹の犬を飼っているよね？

ジェーン：ええ。でも私は黒い犬は飼っていないわ。2匹は白で，1匹が茶色よ。ああ，ケイコ，茶色の犬は日本犬の柴犬よ。私たちは Kuro と呼んでいるわ。

ケイコ：Kuro? 変ね。kuro は英語では「黒」という意味よ。

ジェーン：知っているけど，父がその名前を選んだの。実際，私たちはそのとき，kuro が茶色の意味だと思っていたわ。kuro が黒色の意味だと知ったのは2年後よ！

トム：それは愉快だね。

ジェーン：それで，あなたはクリスマスに何がほしいの，ケイコ？

ケイコ：そうね，私は英語の本と辞書が何冊かほしいわ。英語をもっと勉強したいの。

トム：わあ，君は勤勉だね。君は英語をとても上手に話す。

ケイコ：ありがとう。私は将来，翻訳者になりたいの。

トム：ぼくは有名な野球選手になりたいな！

ジェーン：ネットの，ね？

トム：そのとおり。

① ジェーンはクリスマスに何をする予定か。
② トムについて正しいのはどれか。
③ トムはなぜ「それは愉快だ」と言ったのか。
④ ケイコについて正しいのはどれか。

語句

around the corner「間近に迫っている」
go on sale「発売される」 mongrel「雑種(犬)」
mixed breed「混血，雑種」 diligent「勤勉な」
translator「翻訳者」

得点アップ

難問。2人の女性の声を聞き分け，一方がジェーン，他方がケイコであることを判断する必要がある。ケイコはアメリカのホストファミリーの家に滞在している日本人であり，クリスマスプレゼントと犬に関する言葉(mongrel, kuro)が話題になっている。1回目の聞き取りでその状況をおおまかに理解し，2回目に細部を聞き取るようにしたい。

057 [A] ① **163** ② **178**
[B] ① **4** ② **月**

解説 [A] ①ボブによれば，父親は183cmであり，母親はそれより20cm背が低い。
②ボブの姉[妹]は母親(163cm)より15cm背が高い。ボブはその姉[妹]と同じ身長である。
[B] ①東京では，初日から3日間と最後の日に演奏する。

②演奏場所と演奏の曜日は，東京(日・月・火)→京都(木)→大阪(金・土)→福岡(月)→東京，となる。

スクリプト

[A] Alan: Hello Bob. Wow, you're getting tall. Are you taller than your father now?

Bob: No, not yet. My dad's still the tallest in our family. He's 183 centimeters tall.

Alan: Yes, that's really tall. And who's the shortest in your family?

Bob: It's my mum these days. She's 20 centimeters shorter than my dad. My sister was shorter than her until she was 14, but now she's 15 centimeters taller than mum.

Alan: Wow, she's really grown. And who is taller, you or your sister?

Bob: That's a good question. The last time we were measured we were both the same height.

[B] Jane: You're always looking at your smartphone, Brian. What are you checking?

Brian: It's my favorite band's Twitter page. They start a short tour of Japan next week.

Jane: Really? Where are they playing?

Brian: They start their tour with a concert in Tokyo on Sunday and they will also play there on the next two nights. I plan to see them on the second night, the Monday.

Jane: Where are they going after Tokyo?

Brian: Well, after their concerts in Tokyo they go to Kyoto. They have a night off there, before playing their fourth concert there the night after that.

Jane: And where do they go after that?

Brian: To Osaka—they'll play two nights there, then have another night off. The night after that they play in Fukuoka. After that they'll come back to Tokyo for one final concert. I want to go to that, too—it'll be fantastic.

全訳

[A] アラン：やあ，ボブ。わあ，背が高くなってい

るね。もうお父さんより背が高いの？

ボブ：いや，まだだよ。パパはまだ家族の中で一番背が高いんだ。183cm あるよ。

アラン：ああ，それは本当に背が高いね。それで，家族で一番背が低いのは誰なの？

ボブ：近ごろはママだね。パパより20cm 背が低い。姉［妹］は14歳まではママより背が低かったけれど，今はママより15cm 背が高いよ。

アラン：わあ，すごく伸びたね。それで，君とお姉［妹］さんはどちらの方が背が高いの？

ボブ：いい質問だね。最後に測ったとき，ぼくらはどちらも同じ身長だったよ。

[B] ジェーン：あなたはいつもスマートフォンを見ているわね，ブライアン。何をチェックしているの？

ブライアン：大好きなバンドのツイッターのページだよ。来週日本の短期ツアーが始まるんだ。

ジェーン：本当に？ どこで演奏するの？

ブライアン：日曜日に東京でコンサートツアーを始めて，その後の2晩もそこで演奏する。ぼくは第2夜の月曜日に見に行く予定だよ。

ジェーン：彼らは東京の後はどこへ行く予定？

ブライアン：ええと，東京のコンサートの後は，京都へ行く。そこで1晩休んで，4回目のコンサートを京都で翌日の晩に行うんだ。

ジェーン：そしてその後はどこへ行くの？

ブライアン：大阪へ行って，そこで2晩演奏してから，もう1晩休む。その翌日の夜は，福岡で演奏する。その後，最後の1回のコンサートのために東京へ戻ってくる。ぼくはそれにも行きたいんだ，すてきだろうね。

---

058 ① ウ ② イ ③ イ ④ ア
　　　⑤ ウ ⑥ ウ ⑦ イ

解説 ①アンディ・ウェルズは…である。

ア ツアーガイド　イ 芸人

○ウ ガイドブックの著者

聞き手が最初の発言で Andy Wells who has written a guide …(ガイドブックを書いたアンディ・ウェルズさん)と言っている。

②アドベンチャー系のものが好きな人にとって最適のテーマパークは，…にある。

ア フロリダ　○イ オハイオ

ウ ニューヨーク

アンディの3番目の発言によれば，アドベンチャー系のテーマパークとして最も人気が高いの

は，オハイオ州のシーダー・ポイントである。

③シーダー・ポイントには…がある。

ア 7本のジェットコースター

○イ 17本のジェットコースター

ウ 70本のジェットコースター

アンディの3番目の発言を参照。

④ウィザーディング・ワールド・オブ・ハリー・ポッターでは，人々は…ことができる。

○ア 魔法のお菓子を買う

イ 魔法のコースターに乗る

ウ 絵本を買う

アンディの7番目の発言を参照。

⑤オーシャン・パークには…は(い)ない。

ア 海の動物　イ アトラクション

○ウ 動物園

アンディの8番目の発言を参照。

⑥シンガポールのユニバーサル・スタジオでは，…にいるように感じることができる。

ア 香港　イ 東京　○ウ ニューヨーク

アンディの8番目の発言を参照。

⑦中国のオーシャン・キングダムは…を持つことになっている。

ア 恐竜　○イ ジェットコースター

ウ ディナーレストラン

アンディの最後から2番目の発言を参照。

スクリプト (I = Interviewer, A = Andy)

I: Good morning. Today we're going to talk about theme parks and we're going to hear from Andy Wells who has written a guide to theme parks around the world. Welcome to the programme, Andy.

A: Hi, it's good to be here.

I: You really have a dream job, don't you, Andy? Flying round the world all the time, visiting adventure parks ...

A: Well, yes, it's pretty exciting. But it's really hard work too, you know.

I: I bet. So, what's the number one theme park in the world?

A: That all depends what you're looking for. In terms of numbers, it has to be Magic Kingdom at Disney World in Florida, the most famous theme park. But the most popular park for people who like adventure rides is Cedar Point in Ohio, USA. It has the biggest number of rollercoasters in one park, 17, and three water rides. There are lots of other attractions too. Last year they introduced 50 animatronic dinosaurs. You know, life-size models that move and look real.

I: Cool! Have they got anything lined up for this year?

A: Yeah, there's a new rollercoaster called the Gatekeeper. Well, actually it's not a rollercoaster, it's a wingcoaster. It'll be the biggest in the world.

I: What's a wingcoaster?

A: With a normal rollercoaster you are sitting on a seat with the track under you. With a wingcoaster the seats kind of stick out at the side so the passengers have nothing below or above them. You feel as if you're flying.

I: So it's more frightening?

A: More exciting! Way more exciting.

I: What other attractions have you seen recently?

A: I've just been to The Wizarding World of Harry Potter at the Islands of Adventure in Orlando, Florida. It's great! You know those shops that sell magic sweets and things in the Harry Potter books? Well, they have those, just like you've imagined. There's a fantastic tour of Hogwarts School where you meet characters from the books. It's so well done.

I: Right, sounds interesting. In your book you have a lot of theme parks in Asia too. Can you tell us about them?

A: Sure. Tokyo has had a Disneyland for quite a long time, which attracts a lot of people. Ocean Park in Hong Kong has also been going for a long time — that has a lot of marine animals as well as rides. Lotte World, a huge park in South Korea, has the world's biggest indoor theme park. And then there's Universal Studios in Singapore. That's expanding with additions to its New York street section. There's going to be a Sesame Street dark ride. A dark ride's a ride inside a building.

I: I see. New York in Singapore?

A: Yeah, it's weird, but it works. But the place to watch at the moment is China — they're really expanding. Lots more parks will open in China in the next few years, including another one with dinosaurs in the north, and Ocean Kingdom in the south. That will have the world's longest roller coaster and tallest Ferris wheel, as well as boat rides and a night-time zoo.

I: Wow, so that's opening soon?

A: Yes, this year. I'll be there!

I: Have a ride for me, then.

全訳

聞き手：おはようございます。今日の話題はテーマパークで，世界中のテーマパークのガイドブックを書かれたアンディ・ウェルズさんにお話をうかがいます。当番組へようこそ，アンディ。

アンディ：こんにちは，ここに来られてうれしいです。

聞き手：あなたはほんとうに理想的な仕事をしておられますね，アンディ？ 常に世界中を飛び回ってアドベンチャー・パークを訪ねて…

アンディ：まあ，そうですね，かなり刺激的な仕事です。でも重労働でもありますね。

聞き手：確かに。それで，世界一のテーマパークはどこですか。

アンディ：それは自分が何を期待しているかによります。数の点では，間違いなくフロリダにある最も有名なテーマパーク，ディズニー・ワールドのマジック・キングダムでしょう。しかしアドベンチャー系の乗り物が好きな人に最も人気があるのは，アメリカのオハイオ州にあるシーダー・ポイントです。1つのパークにあるジェットコースターの数が17と最も多く，ウォーターライドも3つあります。他にもアトラクションがたくさんあります。昨年は50体のアニマトロンの恐竜を導入しました。ほら，動いて見た目がリアルな，実物大の恐竜の模型です。

聞き手：クール[かっこいい]ですね！ そこは今年は何かを用意していますか。

アンディ：ええ，ゲートキーパーという名の新しいジェットコースターがあります。いや，実際はジェットコースターではなく，ウイングコースターです。世界最大でしょう。

聞き手：ウイングコースターとは何ですか。

アンディ：普通のジェットコースターでは，線路を下にして座席に座っています。ウイングコースターでは，乗客の上下に何もない状態になるよう，座

席がちょっと横に張り出しています。まるで空を飛んでいるように感じますよ。

聞き手：ではその方がぞっとしますね？

アンディ：よりわくわくします！ 普通のコースターよりもずっと。

聞き手：最近見た他のアトラクションは何ですか。

アンディ：フロリダ州オーランドのアイランズ・オブ・アドベンチャーにあるウィザーディング・ワールド・オブ・ハリー・ポッターに行ったばかりです。最高ですね！ ハリー・ポッターの本に、魔法のお菓子などを売っているお店が出てくるじゃないですか。ええと、そこにはまさに想像どおりのお店がありますよ。本の中の登場人物に会えるホグワーツ魔法魔術学校の空想的なツアーがあります。本当によくできています。

聞き手：確かに、面白そうですね。あなたの著書には、アジアのテーマパークもたくさん出てきます。それについてお話しいただけますか。

アンディ：もちろん。東京にはかなり前からディズニーランドがあり、多くの客を魅了しています。香港のオーシャン・パークも長く続いていて、乗り物だけでなく海の動物もたくさんいます。韓国のロッテ・ワールドという巨大なパークには、世界最大の屋内テーマパークがあります。そしてシンガポールにはユニバーサル・スタジオがあります。そこはニューヨークの街並み区域を増築して大きくなっています。セサミストリートのダークライドができる予定です。ダークライドとは、建物の中にある乗り物のことです。

聞き手：わかりました。シンガポールの中のニューヨークですか。

アンディ：ええ、変だと思うでしょうが、うまくいっています。しかし、今注目すべき場所は、大きく成長している中国です。今後数年のうちに中国には、北部の恐竜をテーマにした別のパーク、南部のオーシャン・キングダムを含めて、さらに多くのパークがオープンするでしょう。オーシャン・キングダムには、世界最長のジェットコースターと最も高い観覧車、さらにボートの乗り物や夜の動物園もできます。

聞き手：わぁ、ではそこがまもなくオープンするのですね？

アンディ：ええ、今年です。私も行きます！

聞き手：それでは私の分も乗り物に乗ってきてください。

語句

theme park「テーマパーク」　guide「案内書」

---

programme「番組」（イギリス英語のつづり）

dream job「理想の仕事」

pretty「かなり，とても」　I bet.「きっとそうだ」

depend (on) ~「~しだいだ」

in terms of ~「~の点では」

has to「~に違いない」　ride「乗り物」

rollercoaster「ジェットコースター」

attraction「アトラクション，集客施設」

introduce「~を導入する」

animatronic「アニマトロンの，自然な動きをする」

dinosaur「恐竜」　line up「準備する，確保する」

normal「通常の」

with the track under you
　「線路が自分の下にある状態で」

kind of「多少，やや」　stick out「突き出る」

passenger「乗客」　below「~の下に」

above「~の上に」

feel as if ~「まるで~であるかのように感じる」

frightening「怖い，ぎょっとする」

way「ずっと，はるかに」　magic「魔法の」

fantastic「空想的な」　character「登場人物」

marine「海の」　huge「巨大な」　expand「広がる」

addition「追加，増築部分」　weird「奇妙な，変な」

at the moment「ちょうど今」

including「~を含めて」　Ferris wheel「観覧車」

night-time「夜間の」

⑦ 得点アップ

この問いのように非常に長い会話や文章を使った問いを解くには、集中力を切らさずに最後まで聞く訓練が必要になる。慣れないうちは、だんだん耳の集中力が切れて、途中から何もわからなくなるというケースがよくある。比較的平易で長い会話や文章を利用して、最初から最後まで集中して聞く練習を積んでおくことが大切である。

第5回 実力テスト

1 ① エ　② ウ　③ ア　④ イ　⑤ エ

解説 ①1月31日は誰の誕生日か。

ア ショーンの誕生日である。

イ ショーンの父親の誕生日である。

ウ ショーンの母親の誕生日である。

○エ　ショーンの弟の誕生日である。

ショーンの２番目の発言から判断する。

②誕生日パーティーはいつ開かれるか。

ア　午後３時に開かれる。

イ　午後６時に開かれる。

○ウ　１月29日に開かれる。

エ　１月31日に開かれる。

ショーンの４番目の発言を参照。パーティーの開始時刻は，会話の中には出てこない。

③次の文のうちどれが正しいか。

○ア　ショーンはセーターか野球帽を買おうかと思っている。

イ　ショーンはアクション・フィギュアとモデルカーを買おうかと思っている。

ウ　ジミーはアクション・フィギュアかモデルカーを買おうかと思っている。

エ　トムはセーターか野球帽を買おうかと思っている。

ショーンの３番目の発言を参照。

④ショーンとトムはどのバスに乗るだろうか。

ア　午後３時15分に出るバスに乗るだろう。

○イ　午後３時30分に出るバスに乗るだろう。

ウ　午後３時50分に出るバスに乗るだろう。

エ　午後４時に出るバスに乗るだろう。

トムは最後から３番目の発言で「午後３時30分のバスに乗ろう」と言っている。

⑤トムの往復切符はいくらかかるだろうか。

ア　１ドル50セントかかるだろう。

イ　１ドル80セントかかるだろう。

ウ　３ドルかかるだろう。

○エ　３ドル60セントかかるだろう。

トムの最後の発言を参照。

スクリプト　(T=Tom, S=Shaun)

T: Hey, Shaun. What are you doing today?

S: Hi, Tom. I'm going shopping for a birthday present.

T: Really, whose birthday is it?

S: It's my little brother Jimmy's birthday on the 31st of January. He will be 8 years old.

T: What are you planning to buy him?

S: To be honest, I don't know. He likes action figures and model cars, but I think I'll buy him some clothing. A sweater or maybe a cool baseball cap.

T: Sounds like a good idea. So his birthday is on the 31st?

S: Yes, it is, but we will hold the birthday party on the 29th of January. It's on a Saturday.

T: Well, you better go shopping. It's now 3 p.m. and the shops will close at 6 p.m. today.

S: You're right. I better hurry. Would you like to come with me, Tom?

T: Sure. I'd love to. Let me get my coat. By the way, what time is the next bus?

S: The next bus is at 3:15 p.m. But that bus takes a long time to get to the city center. It goes on Great North Road and the traffic is always heavy. The bus at 3:30 p.m. is faster as it stops at Central and Town Hall before arriving at the city center.

T: What time do the buses arrive in the city center?

S: The 3:15 bus arrives at 4:00 p.m. but the 3:30 bus arrives at 3:50 p.m.

T: Let's take the 3:30 p.m. bus. By the way, Shaun, how much is the bus fare?

S: Do you have a student ID card? A one-way ticket is $1.50 and a return ticket is $3.00 if you have a student ID card.

T: I have a student ID card but I left it at home. How much will the ticket cost?

S: Well, Tom, without your student ID card a one-way ticket costs $1.80 or $3.60 for a return ticket.

T: OK. I'll take the $3.60 return ticket. Anyway, let's walk to the bus stop.

S: Let's go.

全訳

トム：やあ，ショーン。今日は何をする予定なの？

ショーン：やあ，トム。誕生日プレゼントを買いに行くところだよ。

トム：そうなの，誰の誕生日？

ショーン：弟のジミーの誕生日で，１月31日なんだ。8歳になるよ。

トム：何を買ってあげるつもりなの？

ショーン：実は，わからないんだ。弟はアクションフィギュアとモデルカー[車のプラモデル]が好きだけど，ぼくは衣料品を買ってあげようと思っている。セーターとか，かっこいい野球帽なんか。

トム：いい考えだね。それで，弟さんの誕生日は31だね？

ショーン：そう，でも誕生日パーティーは1月29日に開くんだ。土曜日だよ。

トム：じゃあ，買い物に行く方がいいね。今は午後3時で，今日は店は午後6時に閉まるから。

ショーン：そのとおり。急がなくちゃ。一緒に来るかい，トム？

トム：いいとも。喜んで。コートを取ってくるよ。ところで，次のバスは何時だい？

ショーン：次のバスは午後3時15分だ。でもそのバスは，市の中心部まで行くのに長時間かかる。グレート・ノース通りを通るけど，いつも渋滞するんだ。午後3時30分のバスは，市の中心部に着く前にセントラルとタウン・ホールに停車するから，そっちの方が早いよ。

トム：バスは何時に市の中心部に着くの？

ショーン：3時15分のバスは午後4時に着くけど，3時30分のバスは午後3時50分に着くね。

トム：午後3時30分のバスに乗ろう。ところで，ショーン，バス料金はいくらなの？

ショーン：学生証を持っているかい？ 学生証があれば，片道切符は1ドル50セント，往復切符は3ドルだ。

トム：学生証は持っているけど，家に置き忘れたんだ。切符の料金はいくらになるだろう？

ショーン：そうだね，トム，学生証がない場合は，片道切符は1ドル80セント，往復切符は3ドル60セントだよ。

トム：わかった。3ドル60セントの往復切符を買うよ。とにかく，バス停まで歩いて行こう。

ショーン：よし行こう。

語句

action figure「アクション・フィギュア（人形）」

clothing「衣類」　fare「運賃」

student ID card「学生証」

one-way ticket「片道切符」

return ticket「往復切符」

---

2 ① ウ ② イ

解説 ①ナンシーは「3月26日に日本を発って，4月15日に戻ってくる」と言っているので，ウが正解。

　ア　約10日間。　　イ　約15日間。

○ウ　約20日間。　　エ　約1か月間。

②2人は次の金曜日にショウタが赤い帽子を買っ

た店へ行くつもりだから，イが正解。

　ア　アメリカの自宅で祖父のために大きなパーティーを開くだろう。

○イ　店で祖父のために誕生日プレゼントを買うだろう。

　ウ　学校へ行き，先生に日本文化について尋ねるだろう。

　エ　ショウタの祖父を訪ねて，彼に誕生日プレゼントを渡すだろう。

スクリプト (N=Nancy, S=Shota)

N: I'm going to go back to America next month, Shota.

S: Really, Nancy?

N: Yes. I'll leave Japan on March twenty-sixth and come back here on April fifteenth. My grandfather's birthday is April first, so we'll have a party for him. He will be sixty. In Japan, when people become sixty, you give some red things, right?

S: Yes. I gave my grandfather a red cap on his sixtieth birthday last year. He was so happy. Will you give anything to your grandfather?

N: Yes. Where did you buy the red cap? Can you take me to the shop? I would like to try.

S: Sure. Let's go there together next Friday.

① How long is Nancy going to stay in America?

② What will Nancy do next Friday?

全訳

ナンシー：私は来月アメリカに帰る予定よ，ショウタ。

ショウタ：そうなの，ナンシー？

ナンシー：ええ。3月26日に日本を発って，4月15日に戻ってくるわ。おじいちゃんの誕生日が4月1日だから，みんなでパーティーをするわ。おじいちゃんは60歳になるの。日本では60歳になると，赤いものを贈るんでしょ？

ショウタ：そうだね。昨年ぼくは，おじいちゃんの60歳の誕生日に赤い帽子をあげた。すごく喜んでいたよ。君はおじいさんに何かあげるの？

ナンシー：ええ。その赤い帽子はどこで買ったの？ お店に連れて行ってくれる？ 見てみたいわ。

ショウタ：いいよ。次の金曜日に一緒に行こう。

①ナンシーはアメリカにどのくらいの期間滞在する

予定か。

②ナンシーは次の金曜日に何をするだろうか。

3　① ア　② イ　③ ア

解説　①ジョンはどこから電話をかけているか。

○ア フロリダ　　イ 中国

　ウ カフェ　　　エ テーマパーク

女性（キャサリン）の 2 番目の発言への男性の返答から判断する。

②ジョンとキャサリンはお互いにいつ会う予定か。

ア 2 週間後に　　○イ 5 月 1 日に

ウ 5 月 3 日に　　エ 5 月 11 日に

女性が 5 番目の発言で「5 月 1 日ではどうか」と言い，男性はそれを了解している。

③キャサリンはジョンと一緒に何をしたいか。

○ア 話したい。　　　　イ 中国へ行きたい。

　ウ ビーチへ行きたい。　エ 映画を見たい。

女性は最後から 2 番目の発言で「あなたとカフェでたくさん話したい」と言っている。

スクリプト

W: Hello?

M: Hi, Catherine. It's me, John.

W: John! You are in China, right? Are you making an international call?

M: No. I have come back to Florida.

W: Oh! How long will you be here?

M: For two weeks. I'm leaving Florida on May 3rd. But I want to see you before I go back to China.

W: Me, too. When can we meet?

M: Anytime you'd like.

W: Let me check my schedule. How about May 1st?

M: OK. What do you want to do then? Shall we go to a theme park, a beach, a movie theater …

W: I'd like to talk a lot with you at a café. I want to know about your life in China.

M: OK. Then how about meeting at Café Comfort at 11:00 in the morning?

W: Sounds good. See you then!

全訳

女：もしもし？

男：やあ，キャサリン。ぼくだよ，ジョンだ。

女：ジョン！ あなたは今中国にいるんでしょ？ 国

際電話をかけているの？

男：いいや。フロリダに戻ってきたんだ。

女：まあ！ こちらにはどのくらいいるの？

男：2 週間だ。5 月 3 日にフロリダを発つよ。でも，中国へ戻る前に君に会いたいんだ。

女：私もよ。いつ会える？

男：君の好きなときにいつでも。

女：私の予定を確認させて。5 月 1 日はどう？

男：いいよ。そのとき何をしたい？ 行くとしたら，テーマパーク，ビーチ，映画館…

女：あなたとカフェでたくさん話したいわ。中国でのあなたの暮らしについて知りたいの。

男：わかった。じゃあ，カフェ・コンフォートで午前 11 時に会うのはどう？

女：いいわね。じゃあ，そのときに！

4　① ウ　② ウ　③ エ　④ イ

解説　①マリオとタマラは…つもりだ。

　ア 野球をする　　イ ディナーを食べる

○ウ 映画を見る　　エ 彼の祖父母を訪ねる

2 人はずっと映画の話をしている。

②タマラは…を見た。

　ア『ジョーンズ夫妻』　イ『戦争ゲーム』

○ウ『ロボット2075』　エ『真夜中の月』

タマラの 3 番目の発言を参照。

③マリオとタマラは…を見るつもりだ。

　ア『ジョーンズ夫妻』　　イ『戦争ゲーム』

　ウ『ロボット2075』　　○エ『真夜中の月』

マリオの 5 番目の発言を参照。

④マリオとタマラは…に会うつもりだ。

　ア 6 時30分　　○イ 7 時

　ウ 7 時30分　　エ 8 時

タマラの最後から 2 番目の発言とマリオの返答を参照。

スクリプト　(T=Tamara, M=Mario)

T: Hi, Mario. Do you want to go and watch a film?

M: Hi, Tamara. Sure, what's on?

T: Well, there are two action films, *Mr and Mrs Jones* and *War Games*, and they're both in 3D.

M: I've already seen *Mr and Mrs Jones*. I haven't seen *War Games*, but I don't really want to see an action film. What else is on?

T: There's that science fiction film, *Robot 2075*, but I've already seen it.

M: Is it good?

T: Yes, it is, but I don't want to see it again. There's a romantic comedy called *Forever*.

M: Mmm, I'm not sure. Are there any horror films on?

T: Yes, there's *Midnight Moon*. It's got vampires in it.

M: OK, sounds good. Let's go and watch *Midnight Moon*. What time is it on?

T: It's on at 12 o'clock or at half past two.

M: Is it on this evening?

T: Yes, at 7:30.

M: Perfect. Let's go at 7:30.

T: OK, shall we meet at the cinema at 7:00?

M: Great! See you later.

T: Bye.

[全訳]

タマラ：こんにちは，マリオ。映画を見に行かない？

マリオ：やあ，タマラ。いいね，何を上映しているの？

タマラ：ええと，アクション映画が2本，『ジョーンズ夫妻』と『戦争ゲーム』よ。どちらも3D［3次元］映画ね。

マリオ：『ジョーンズ夫妻』はもう見たよ。『戦争ゲーム』は見ていないけど，アクション映画はあまり見たくない。他には何を上映しているの？

タマラ：例のSF映画の『ロボット2075』があるけど，私はもう見たわ。

マリオ：いい映画なの？

タマラ：ええ，でもまた見たいとは思わないわ。『永遠』という題名の恋愛コメディーがあるわよ。

マリオ：うーん，よくわからないな。ホラー映画は何か上映しているの？

タマラ：ええ，『真夜中の月』よ。吸血鬼が出てくるわ。

マリオ：いいね，面白そうだ。『真夜中の月』を見に行こう。上映は何時？

タマラ：12時か2時半ね。

マリオ：今晩は上映している？

タマラ：ええ，7時半に。

マリオ：完ぺきだ。7時半に行こう。

タマラ：いいわ，映画館で7時に会いましょうか？

マリオ：いいね！ じゃあまた後で。

タマラ：じゃあね。

6 文章を使った問題

059 ① ア ② ウ ③ イ

[解説] ①第1文を参照。
○ア 2年前　イ 昨年
ウ 2日後　エ 2週間前
②第6文を参照。
ア ごみを投げていた
イ ハイキングを楽しんでいた
○ウ 公園を掃除していた
エ 友人を作っていた
③第8文を参照。
ア 友人を作りたかったから。
○イ 汚染について学びたかったから。
ウ その活動に参加したかったから。
エ ある経験をしたかったから。

[スクリプト]

Sayuri visited her cousin in America two years ago. From her cousin's house, they could enjoy the beautiful mountains. They could enjoy hiking in the mountains. One day, she saw a lot of people at the park near the mountain. She asked her cousin what they were doing there. The cousin said, "They are cleaning the park. This year, the park is getting very dirty with the many things that people throw away." Sayuri used the Internet to learn about pollution and found about the cleaning project. The project was very interesting to her, so she joined the cleaning project. She had a very good experience and made a lot of friends there, too.

① When did Sayuri visit America?
② What were the people in the park doing?
③ Why did Sayuri search on the Internet?

[全訳]

サユリは2年前にアメリカのいとこを訪ねた。いとこの家から，彼らは美しい山々の景色を楽しんだ。彼らは山でハイキングを楽しむことができた。ある日，彼女は山の近くの公園でたくさんの人々を見た。彼女はいとこに，彼らはそこで何をしているのかと尋ねた。いとこは「公園を掃除しているの。今年，公園は人々が捨てるたくさんのものでとても汚れて

きているから」と言った。サユリはインターネットを使って汚染について学び、清掃活動のことを知った。その活動は彼女にとってとても興味深かったので、彼女はその清掃活動に参加した。彼女はそこでとてもいい経験をして、大勢の友だちもできた。
①サユリはいつアメリカを訪問したか。
②公園の人々は何をしていたか。
③サユリがインターネットで検索したのはなぜか。

[語句]

get dirty「汚れる」 throw away ～「～を捨てる」
pollution「汚染, 公害」 project「事業, 活動」

060 ① イ ② ウ ③ ア ④ エ ⑤ ウ

[解説] ①第3文と最後の文から、ケンジは今スマートフォンのアプリを使ってフランス語を学んでいることがわかる。
ア フランス語の授業でゲームをすることによって。
○イ スマートフォンのアプリを使うことによって。
ウ 教科書を使うことによって。
エ 友人と一緒に練習することによって。
②第3文を参照。
ア 明日英語のテストがある。
イ 生徒は全員433番教室へ行くべきだ。
○ウ 生徒は今日の午後静かにすべきだ。
エ 生徒はいすを動かすべきだ。
③第3文を参照。エは move が「引っ越す」の意味だから誤り。
○ア 特別講習に参加するだろう。
イ 緊急時に人々を助けるだろう。
ウ 医者が仕事をしている間に手伝うだろう。
エ 別の市へ引っ越すだろう。
④最後の文の doing just that は前文の内容を受けており、opening his own restaurant と言い換えられる。
ア 友人たちのためにもっと多くの料理を作ること。
イ 昼食にもっと多くの料理を作ること。
ウ プロのシェフと話すこと。
○エ 自分のレストランを開くこと。
⑤第3文を参照。
ア 無料のコーヒーを飲めたから。
イ 他の人々がそうしていたから。
○ウ 紙をむだ遣いするのはよくないと思ったから。
エ 妻が彼にそうさせたから。

[スクリプト]

① Kenji wants to learn French, so at first he bought some textbooks. However, they were too difficult for him to understand as he didn't know any French at all. His friend suggested that he download a language-learning application on his smartphone which he uses too. The application has questions and answers in French and is like a game, so it is a fun way to learn. Kenji has already learned a lot of new words in French since he downloaded it.
Question: How is Kenji learning French now?
② Attention all students. There will be an English test in room 433 from 1 p.m. to 3 p.m. this afternoon. We would like to ask all students in other classes not to make any loud noises during this time, especially when you're moving your chairs to sit and stand up. Also, please be quiet when you're walking near room 433. Thank you for your understanding and cooperation.
Question: What is one thing the announcement says?
③ Momo is studying to be a doctor. She studies very hard and tries to learn as much as she can. Tomorrow, she will go to a big hospital in another city to take part in a special course. She will watch doctors while they are working and they will show her what they do in an emergency. Momo can't wait to visit them and learn about this.
Question: What will Momo do tomorrow?
④ Oliver makes dinner for himself every evening after work. He often cooks extra food so that he can eat it for lunch at his office the next day. Sometimes he makes enough food to share with his friends at work. His food is so good that they all think that he should be a professional chef and often tell him that he should open his own restaurant. Oliver is thinking about quitting his job and doing just that.
Question: What is Oliver thinking about

doing?

⑤After Abdul retired from his job last year, he would go to the coffee shop with his wife every morning for breakfast. However, he noticed that the paper cups they were using were being thrown away after each cup. He thought it was bad to waste so much paper, so he and his wife started to bring their own cups to the coffee shop. Soon, other people started to do the same and the amount of paper waste in the coffee shop became much less.

Question: Why did Abdul start to bring his own cup to the coffee shop?

全訳

①ケンジはフランス語を学びたいので，最初は教科書を何冊か買った。しかし，フランス語を全く知らない彼にとってそれらは難しすぎて，理解できなかった。友人が，自分も使っている言語学習アプリをスマートフォンにダウンロードするよう彼に提案した。そのアプリにはフランス語の問いと答えがあり，ゲームのようなので楽しい学習方法だ。ケンジはそのアプリをダウンロードしてから既にたくさんの新しいフランス語の単語を学んだ。

問：ケンジは今どのようにしてフランス語を学んでいるか。

②全生徒にお知らせします。今日の午後1時から3時まで，433番教室で英語のテストがあります。他のクラスの生徒は全員，この時間の間は，特に座ったり立ったりするためにいすを動かす際に大きな音を立てないようお願いします。また，433番教室の近くを歩くときも静かにしてください。ご理解とご協力をお願いします。

問：アナウンスが言っている1つのことは何か。

③モモは医者になるために勉強している。彼女はとても一生懸命勉強して，できるだけ多くのことを学ぼうとしている。明日は特別講習に参加するために別の市の大きな病院に行く。医者が仕事している間に観察したり，緊急時に医者が何をするかを見せてもらったりする。モモは医者を訪ねてこれについて学ぶのが待ちきれない。

問：モモは明日何をするか。

④オリバーは毎晩，仕事の後で自分で夕食を作る。翌日仕事場で昼食に食べられるように，余分な料理を作ることもよくある。時には職場の友人と分けて食べられるほどの量を作ることもある。彼の料理はとてもおいしいので，みんな彼がプロのシェフにな

るべきだと思い，自分のレストランを開くよう彼によく言う。オリバーは仕事をやめて，そうしようかと考えている。

問：オリバーは何をしようと考えているか。

⑤昨年会社を退職したアブドゥルは，毎朝奥さんと一緒に喫茶店へ行って朝食をとったものだ。しかし，その店で使っている紙コップは1杯飲むごとに捨てられていることに気づいた。彼は紙をそんなにむだ遣いするのはよくないと思ったので，彼と妻は自分のカップをその喫茶店に持参し始めた。やがて，他の人々も同じことをし始め，その喫茶店の紙のごみは以前よりずっと少なくなった。

問：アブドゥルが喫茶店へ自分のカップを持って行くようになったのはなぜか。

語句

make loud noises「大きな音を立てる」
cooperation「協力」
take part in ～「～に参加する」
special course「特別コース［講習］」
in an emergency「緊急の場合に」
for oneself「自分で，自分のために」
extra「余分な」
so that S can ～「Sが～できるように」
share「分かち合う」 professional「プロの」
chef「シェフ」
be thinking about ～ing「～しようかと考えている」
quit「やめる」 do just that「そのとおりにする」
retire from ～「～から引退［定年退職］する」
throw away ～「～を捨てる」 amount「量」
waste「ごみ，廃棄」

061 ① イ ② ウ ③ ア

解説 ①第2文を参照。彼は1998年に88歳で亡くなった。
ア 彼が80歳のとき。 ○イ 1998年に。
ウ 彼が83歳のとき。 エ 1943年に。
②最後から4番目の文を参照。
ア 黒澤は最初の映画を作った。
イ 黒澤は83歳になった。
○ウ 黒澤はアカデミー賞を取った。
エ 黒澤は『スター・ウォーズ』によって着想を与えられた。
③最後から3番目の文を参照。
○ア 『まあだだよ』 イ 『羅生門』
ウ 『スター・ウォーズ』 エ 『生きる』

[スクリプト] Akira Kurosawa was a famous Japanese movie director. He was born in 1910 and died when he was 88 years old in 1998. In his life, he made a total of 30 movies. His first movie was called *Sanshiro Sugata*, which he made in 1943. Some of his more famous movies are *The Seven Samurai*, *Rashomon*, and *Ikiru*. He often worked with an actor named Toshiro Mifune, who played many samurai characters. This made him an international star. Kurosawa's movies have won many international awards, including an Oscar in 1990. His final movie was *Madadayo*, which he made when he was 83 years old. Many Hollywood movie makers enjoy his work. Did you know that *Star Wars* was inspired by *Rashomon*?

① What year did Akira Kurosawa die?
② What happened in the year 1990?
③ What was Kurosawa's last movie?

[全訳] 黒澤明は日本の有名な映画監督である。彼は1910年に生まれ，1998年に88歳で亡くなった。彼は生涯で合計30本の映画を作った。彼の最初の映画は，1943年に作った『姿三四郎』という映画だった。彼のもっと有名な映画には，『七人の侍』，『羅生門』，『生きる』などがある。彼は三船敏郎という俳優と一緒に仕事をすることが多く，三船は多くの侍のキャラクターを演じた。これによって彼は国際的なスターになった。黒澤の映画は，1990年のアカデミー賞を含めて，多くの国際的な賞を受賞している。最後の作品は，83歳の時に撮った『まあだだよ』だった。ハリウッドの多くの映画製作者が彼の作品を楽しんでいる。『スター・ウォーズ』が『羅生門』から着想を得たことを，あなたは知っていただろうか。

①黒澤明は何年に亡くなったか。
②1990年に何が起きたか。
③黒澤の最後の映画は何だったか。

[語句]

movie director「映画監督」 total「合計」
win an award「賞を（勝ち）取る」
Oscar「アカデミー賞」 including「～を含めて」
movie maker「映画製作者」
inspire「～に着想を与える」

062 ① ア ② ウ ③ ウ ④ イ

[解説] ①私たちは学校で何を学ぶことができないか。
○ア どこで技能を身につけるべきか。
　イ 何をすべきか。
　ウ どのように生きるべきか。
イ，ウは第1段落の内容から考えて正しい。アは記述なし。

②世界の問題を解決するためのより重要なことは何か。
　ア よい点を取ること。
　イ お互いに競争すること。
○ウ 協力すること。
第2段落の第4～6文を参照。

③在宅学習について正しいのはどの文か。
　ア 子どもは学校の先生に質問することができる。
　イ 子どもはブザーを使うことによって教育される。
○ウ 親は子どもが学ぶのを助けることができる。
第3段落の第2文を参照。〈help＋人＋動詞の原形〉は「(人)が～するのを助ける」の意味。

④カナダの高校について正しいのはどの文か。
　ア 生徒はさまざまなテストを受けるが，正式な成績はない。
○イ 生徒は何か月も学校の外で自然について学ぶ。
　ウ 学校は生徒に自然について学ぶための道具を与える。
第4段落の第3文を参照。

[スクリプト] School is an important part of our lives. Most of us begin when we are little children and go until we are at least eighteen. Our education plays a big part in what we will do and who we will become as adults. When we are young, we go to school to learn basic skills. We learn to get along in a group and make friends.

Competition is a big part of school. We try to get the best marks so that we can be at the top of our class. Is competition a good thing to learn? Some people believe it's better to learn how to cooperate. That way, we learn to solve the world's problems together. Cooperation may be one of the most important skills we can learn.

Some children stay at home instead of going to school. Their parents help them learn without a classroom. Other experts may teach them as well. This is called home-schooling. They don't have to compete with anyone. They have education with no buzzers and no competition. They learn to ask questions and teach themselves. For them, the whole world is a classroom.

Education can happen in many different ways. In Finland, young school children may not get official grades. In Canada, high school students can study outside for several months and learn about nature.

You will never stop learning. School is just the beginning of a lifetime education. There is so much to discover in the world. Your school can give you the tools to go out and discover it.

全訳 学校は私たちの生活の重要な一部である。私たちのほとんどは幼いときに始めて，少なくとも18歳まで通う。私たちの教育は，私たちが大人として何をするか，また何者になるかという点で大きな役割を果たす。若いうちに私たちは基本的な技能を学ぶために学校に通う。私たちは集団の中で仲良くして友だちを作ることを学ぶ。

競争は学校の重要な一部である。私たちはクラスで一番になれるよう，最高の点数を取ろうとする。競争は学ぶのによいことなのか？ 協力のしかたを学ぶ方がよいと信じる人々もいる。そのようにして私たちは世界の問題を一緒に解決することを学ぶ。協力は私たちが学ぶことのできる最も重要な技能の1つかもしれない。

学校に行かずに家にいる子どももいる。親が彼らの教室抜きの学習を手助けする。他の専門家が教えることもある。これは在宅学習と呼ばれる。彼らは誰とも競争する必要がない。彼らはブザーがなく競争のない教育を受ける。彼らは自分に質問して自分で教えることを学ぶ。彼らにとっては，全世界が教室である。

教育はさまざまな方法で行うことができる。フィンランドでは，幼い学童たちは正式な成績をつけられないこともある。カナダでは，高校生は数か月間学校の外で学び，自然について学ぶことができる。

あなたが学習を止めることは決してないだろう。学校は生涯教育の始まりにすぎない。世界には発見すべきことがとてもたくさんある。あなたの学校は外へ出てそれを発見するための道具を与えてくれる。

語句

at least「少なくとも」 education「教育」
play a big part in ～

「～において大きな役割を果たす」
adult「大人」 basic「基本的な」
skill「技能，能力」
get along「(周囲の人と)仲良くやっていく」
competition「競争」 mark「(試験などの)点数」
cooperate「協力する」 cooperation「協力」
instead of ～ing「～する代わりに」
home-schooling「在宅学習」
compete with ～「～と競争する」
buzzer「(授業の開始や終了などを告げる)ブザー」
whole「全体の」 official「正式な」 grade「成績」
lifetime education「生涯教育」
discover「～を発見する」 tool「道具」

⑦得点アップ

長い文章を聞き取る問題では，リーディング用の素材をリスニング問題に使うことがよくある。つまり，本来は(時間をかけて)読んで理解すればよい文章を，耳で聞いて瞬時に理解する力が求められることになる。したがって，説明文などの聞き取りで高得点を取りたいなら，何よりも大切なのはリーディングの力をつけることである。その学習には，語い力のアップも当然含まれる。

063 ① イ ② エ

解説 ①第6文を参照。
ア 日本の動物園。
○イ 南アメリカのジャングル。
ウ 静岡県。
エ 日本各地の暖かいお風呂。
②第5文を参照。カピバラの飼育は1960年代初頭に始まった。
ア 約10年。 イ 約20年。
ウ 約40年。 ○エ 約60年。

スクリプト Capybaras are known as the world's biggest rodent. How did a large rat become such a superstar in Japan? In 2006, the number of capybaras kept in Japan was 126. That number jumped to 422 in 2016. Japan has kept capybaras in zoos since the early 1960s. But how an animal whose home is the tropical jungle of South America became popular in Japan started at Izu Shaboten Zoo in Shizuoka prefecture. In 1982, a worker was cleaning the capybara exhibition and noticed the animals liked the hot water. They discovered that capybaras could survive Japanese winters if the zoos could provide hot baths for them. Today, capybaras can be found soaking in hot baths in zoos all around Japan.

① Where are capybaras from?
② How long have Japanese zoos kept capybaras?

[全訳]　カピバラは世界最大のげっ歯類として知られる。大きなネズミはどのようにして日本でこれほどのスーパースターになったのだろうか。2006年，日本で飼育されているカピバラの数は126匹だった。その数は2016年には422匹に急増した。日本では1960年代初頭からカピバラを動物園で飼育してきた。しかし，南米の熱帯ジャングルに住む動物が日本で人気になった経緯は，静岡県の伊豆シャボテン動物公園で始まった。1982年に，カピバラの展示室を掃除していた作業員が，その動物はお湯を好むことに気づいた。動物園がカピバラのために暖かいお風呂を提供すれば，カピバラが日本の冬を乗り切れることを彼らは発見した。現在では，日本各地の動物園でカピバラが暖かいお風呂に浸っているのを見つけることができる。

① カピバラはどこの出身か。
② 日本の動物園はどのくらいの期間カピバラを飼育してきたか。

[語句]

capybara「カピバラ」　rodent「げっ歯類」
jump「急増する」
tropical jungle「熱帯のジャングル」
prefecture「県」　exhibition「展示(室)」
notice「(〜に)気づく」　survive「〜を生き延びる」
soak「(〜に)浸る」

[064] ① エ　② エ　③ ア　④ エ　⑤ ウ

[解説]　①第1段落の最初の文から，彼らはコンピュータの展示会へ行くためにニューヨークへ行ったことがわかる。
ア　彼らの家から近かった。
イ　コンピュータを使いたかった。
ウ　展示会で部屋を持っていた。
○エ　展示会に行きたかった。
②第1段落の最後の文を参照。プールについては，

第2段落に「お風呂はプールのようだった」とあり，ホテルにプールがあったわけではない。
ア　寝室とキッチン。
イ　寝室とプール。
ウ　プールとリビングルーム。
○エ　リビングルームと寝室。
③第3段落を参照。
○ア　エレベーターが壊れていた。
イ　運動をしたかった。
ウ　その方が自分たちにとって面白そうに思われた。
エ　それがホテルのルールの1つだった。
④最後の段落によれば，25階まではビルがジョークを言った。ジムはそれを聞いたことになる。
ア　歌い始めた。
イ　ジョークを言うのを終えた。
ウ　スコットの話を聞いた。
○エ　ビルのジョークを聞いた。
⑤最後の文から，彼らはスコットが車に置き忘れた鍵がなければ部屋に入れない。したがって誰かが鍵を取りに戻ったと考えられる。one or more of them は「彼らのうちの1人またはそれ以上」の意味。
ア　彼らは最上階へ登った。
イ　スコットは怖くて泣き始めた。
○ウ　彼らのうち1人またはそれ以上が下へ戻った。
エ　彼らはコンピュータの展示会へ行った。

[スクリプト]　Bill, Jim and Scott drove to New York for a computer exhibition. They were friends and often helped each other. For this trip, they reserved a fantastic room on the top floor of the best hotel in town. Each of them didn't only have a bedroom but was also able to enjoy a large shared balcony and a living room.

They looked forward to staying at the hotel because it sounded like a very comfortable place. The bed clothes were made of fine cotton. The bath was like a swimming pool. And the view from their room was beautiful. New York can be noisy, so they thought it was a good idea to see it from the top floor.

They thought it was a good idea until they learned the elevators weren't working. After a long day of meetings, the three friends were shocked to hear that they were going to have to climb 75 floors of stairs to get to their room.

At first, they all complained and told each other how tired they were. Then Bill said to Jim and Scott, we can make this long walk more interesting. I'll tell jokes for 25 floors, Jim can sing songs for 25 floors, and after that Scott can tell sad stories the rest of the way. At the 26th floor Bill stopped telling jokes and Jim began to sing. At the 51st floor Jim stopped singing and Scott began to tell sad stories. "I will tell my saddest story first," he said. "I've left the room key in the car."

① Why did the three friends stay in a New York hotel?
② What are available for the three men at the hotel?
③ Why did the three men have to climb the stairs?
④ On the 25th floor, what did Jim do?
⑤ What probably happened right after the story?

全訳 ビル，ジム，スコットは，コンピュータの展示会のために車でニューヨークへ行った。彼らは友人で，よく助け合っていた。この旅行のために，彼らは町で一番いいホテルの最上階にある素晴らしい部屋を予約した。一人一人に寝室があるだけでなく，共有の広いバルコニーとリビングルームも楽しめた。

ホテルはとても快適そうだったので，彼らはそこに泊まるのを楽しみにしていた。寝具は上質の綿でできていた。お風呂はプールのようだった。部屋からの眺めもきれいだった。ニューヨークは騒がしいことがあるので，最上階から眺めるのはいい考えだと彼らは思った。

いい考えだと彼らが思っていたのは，エレベーターが動いていないのを知るまでのことだった。長い一日の会合の後，3人の友人たちは，自室へ行くために75階分の階段を登らなければならないと聞いてショックを受けた。

最初のうち彼らは皆，とても疲れたと文句を言い合った。そこで，ビルはジムとスコットにこの長い道のりを，もっと面白くすることができるぞと言った。ぼくが25階を登る間ジョークを言い，ジムが次の25階で歌を歌い，その後，残りの道のりでスコットが悲しい話をすればいい。26階でビルはジョークを言うのをやめ，ジムは歌を歌い始めた。51階でジ

ムは歌うのをやめ，スコットが悲しい話をし始めた。「最初にぼくの一番悲しい話をしよう」と彼は言った。「車の中に部屋の鍵を忘れてきたよ」

①3人の友人たちがニューヨークのホテルに泊まったのはなぜか。
②3人の男性はホテルで何を利用できるか。
③3人の男性が階段を登らなければならなかったのはなぜか。
④25階で，ジムは何をしたか。
⑤この話の直後に，おそらく何が起きたか。

語句
exhibition「展示(会)」 reserve「～を予約する」
fantastic「素晴らしい」
shared「共有(スペース)の」
balcony「バルコニー」(部屋から張り出した部分)
comfortable「快適な」
bed clothes「寝具」(シーツなど)
cotton「綿」 climb「～を登る」 stairs「階段」
at first「最初(のうち)は」
complain「ぐちをこぼす」
the rest of the way「(階段を登る)道のりの残り」

ア 得点アップ

このストーリーは，最後の「落ち」がポイントになっている。このような文章の聞き取りでは，次にどんな展開になるかを予想しながら聞くようにしたい。リーディング問題を解くのと同じだと考えてよい。

065 ① ア ② ウ ③ イ ④ イ ⑤ ウ

解説 hamburger(ハンバーガー)と Hamburg steak(ハンバーグ)の違いに注意しながら聞く必要がある。

①話し手がドイツの都市の名前について話すのはなぜか。
○ア 「ハンバーガー」という名がその都市に由来するから。
イ ハンバーガーはその都市で発明されたから。
ウ ジェームズ・H・ソールズベリーがその都市の出身だから。
エ 特殊な機械がその都市で発明されたから。
第2段落の第3文を参照。
②ジェームズ・H・ソールズベリーについて正しいのはどれか。
ア アメリカで最初にハンバーガーを作った。

イ 肉を細かく切る機械を発明した。
○ウ アメリカでハンバーグに似た食べ物を作った。
エ ハンバーガーの人気をとても高めた。
第2段落の第4文を参照。

③ハンバーグについて正しいのはどれか。
ア 同じ人物がハンバーグとハンバーガーの両方を発明した。
○イ ハンバーグは作るのが難しかったので，最初は人気が出なかった。
ウ ハンバーガーが発明される前は，人々はフォークとナイフを使わずにハンバーグを食べた。
エ ハンバーグは，19世紀のアメリカではソーセージに似たものだった。
第2段落の第5・6文を参照。

④工場で働く人々が路上で食事をしなければならなかったのはなぜか。
ア 工場のカフェテリアの食べ物がおいしくなかったから。
○イ 多くのレストランやカフェテリアが夜遅くに開いていなかったから。
ウ 19世紀後半には多くの工場が夜の早い時間に閉まったから。
エ 工場で働く人々はフォークとナイフを持っていなかったから。
第4段落を参照。

⑤ハンバーガーについて正しいのはどれか。
ア ニューヨークの工場で働く人々が初めてハンバーガーを作った。
イ 工場で働く多くの人々は自分が夕食に食べるものを持ってくるために屋台を引いた。
○ウ 20世紀には，新しい機械によってハンバーガーを作るのが簡単になった。
エ 20世紀にはハンバーガーは依然として高価だったので，たびたび買うのは難しかった。
最後の段落を参照。

[スクリプト] Do you like hamburgers? Probably most of you do. However, do you know when and where they were first made? Let's find out.

First, let's talk about Hamburg steak. Hamburg steak is the meat between two pieces of bread. The name Hamburg steak comes from the city of Hamburg, in Germany. In 1867, in New York, a man named James H. Salisbury made something similar to Hamburg steak, so Hamburg steak was sometimes called Salisbury steak. However, Hamburg steak didn't become popular at first because there were no machines to cut beef into small pieces. It was very hard to cut beef only with knives. In the 1870s, machines that cut meat into small pieces were invented and they were not very expensive. So, Hamburg steak became very popular. By the 1880s, Hamburg steak appeared on the menus of restaurants in the United States.

Then, when were hamburgers invented? Who put Hamburg steak between two pieces of bread first? Actually, nobody knows the answer! We don't know who made the first hamburger for sure.

How did hamburgers become so popular in the U.S.? In the late 19th century, many people worked in factories until midnight. However, restaurants and cafeterias closed in the early evening. So, people working in factories couldn't get food. Then, some smart people began to sell food on the road. They pulled wagons and served hot food for factory workers. Many kinds of food were sold, such as sausages, hot dogs, Hamburg steak and hamburgers. Hamburg steak was really popular, but it was difficult to eat Hamburg steak while they were standing up on the road. On the other hand, people could eat hamburgers like sandwiches without forks or knives. So, hamburgers became very popular. Until the 1890s, hamburgers became an everyday food for busy working Americans.

In the 20th century, many new machines to make hamburgers easily were invented. After that, hamburgers became very cheap and popular food not only in the U.S. but all over the world.

[全訳] ハンバーガーは好きだろうか？ おそらくほとんどの方がそうだろう。しかし，ハンバーガーがいつ，どこで最初に作られたかを知っているだろうか？ 調べてみよう。

まず，ハンバーグについて語ろう。ハンバーグは，2枚のパンの間の肉である。ハンバーグという名前はドイツのハンブルク市に由来する。1867年に，

ニューヨークでジェームズ・H・ソールズベリーという名の男性がハンバーグに似たものを作ったので，ハンバーグはソールズベリー・ステーキと呼ばれることもあった。しかし，当初ハンバーグの人気が出なかったのは，牛肉を細かく切る機械がなかったからである。牛肉を包丁だけで切るのはとても難しかった。1870年代になると，肉を細かく切る機械が発明され，それらはそれほど高価ではなかった。それで，ハンバーグが大人気となった。1880年代には，アメリカのレストランのメニューにハンバーグが登場した。

では，ハンバーガーはいつ発明されたのか。誰が最初にハンバーグを2枚のパンの間にはさんだのか。実は，誰もその答えを知らないのだ！ 誰が最初にハンバーガーを作ったのか，はっきりとはわからない。

アメリカでハンバーガーがこれほど人気になったのはなぜか？ 19世紀後半には，多くの人々が真夜中まで工場で働いていた。しかし，レストランやカフェテリアは夜の早い時間に閉店した。だから，工場で働く人々は食べ物を手に入れることができなかった。そこで，賢い人たちが路上で食べ物を売り始めた。彼らは屋台を引いて，工場で働く人々に温かい食べ物を出した。ソーセージ，ホットドッグ，ハンバーグ，ハンバーガーなど，多くの種類の食べ物が売られた。ハンバーグはとても人気があったが，路上に立ったままハンバーグを食べるのは難しかった。一方，ハンバーガーはフォークやナイフを使わず，サンドイッチのように食べることができた。だからハンバーガーは大人気となった。1890年代まで，ハンバーガーは忙しく働くアメリカ人の日常食となった。

20世紀になると，ハンバーガーを簡単に作るための多くの新しい機械が発明された。その後，ハンバーガーはアメリカだけでなく世界中で非常に安価で人気の高い食品になった。

語句

find out「調べる，突き止める」
Hamburg steak「ハンバーグ」
similar to ～「～に似ている」
at first「最初（のうち）は」 factory「工場」
until midnight「真夜中まで」
wagon「ワゴン，屋台」 sausage「ソーセージ」
on the other hand「他方では」
everyday food「日常食」

066 ①ア ②ウ ③エ ④イ ⑤エ

解説 ①話題になっていないのはどんな種類の

clock か。
○ア 時を知らせるために砂を使う clock
　イ 時を知らせるために水を使う clock
　ウ 星を使って時を知らせる clock
　エ 太陽を使って時を知らせる clock
第2段落を参照。
②世界最大の clock の幅はどのくらいか。
　ア 幅7メートル　　イ 幅18メートル
○ウ 幅43メートル　　エ 幅96メートル
第3段落の最後の文を参照。
③watch の例は何か。
　ア 教室の壁にかかった clock
　イ 見やすい clock
　ウ 時刻を示す電話機
○エ ポケットに入れられる小さな clock
この文章では，clock と watch の違いが説明されている。clock とは「時計」の総称であり，第4段落の第1文によれば，clock のうちで「軽くて持ち運びやすい」種類のものが watch と呼ばれる。wristwatch や pocket watch は watch の一種であり，clock の一種でもある。以上から，正解はエ。
④スマートウォッチの人気が高まっているのはなぜか。
　ア 多くの人々が時間を確認するのに電話機を使う。
○イ より使いやすくなっている。
　ウ 流行している。
　エ 大きくて遠くから見ることができる。
最後の段落の第2文を参照。
⑤このスピーチのよいタイトルは何か。
　ア ロンドンのビッグ・ベンの歴史
　イ 時計の使い方
　ウ 世界で最も面白い時計
○エ 今何時ですか— clock と watch のすべて
本文では clock と watch を比較し，それぞれの多くの種類の時計を説明している。したがってエが正解。

スクリプト

How long will it take? When will you be arriving? What time is it now? Throughout history, people have been trying to find better and better ways to answer questions like these. One thing people came up with in order to answer these questions and improve their lives is an invention called a clock.

In the past, there were some clocks that used the sun to tell time. Some of these were called sundials. Of course, sundials could not be used at night so there were also clocks called clepsydras that used water, and even clocks that told time based on the stars in the sky. Now there are atomic clocks which can show the time almost perfectly.

Interesting clocks can be found all over the world. One of the most famous clocks in the world can be seen in London. It is often called Big Ben, although Big Ben is actually the name of the tower it is on. The clock on Big Ben is 7 meters wide, and the tower is 96 meters tall. When it was built in 1859, it was the largest clock in the world, but now there are many clocks that are bigger. The largest clock in the world today is a 43-meter-wide clock in Saudi Arabia.

A kind of clock that is light and easy to carry is often called a watch. When people think of watches, they usually think of something that they can wear on their arms. These watches can be called "wristwatches." Another kind of watch is one that people can carry in their pockets. These are commonly called "pocket watches," of course. Many students use watches to manage their time during tests.

As smartphones became more common, many people began to use them to check the time, and as a result fewer people wore watches. However, people have started wearing watches again because "smart watches," which have many uses, are getting smaller, easier to use, and less expensive. Nobody can predict the future of clocks and watches, but it is certain that people will always want to know what time it is.

全訳

どのくらい時間がかかりそうですか？ いつ到着しますか？ 今何時ですか？ 歴史を通じて、人々はこのような問いに答えるためのよりよい方法を見つけようとしてきた。このような疑問に答え、生活を向上させるために人々が考え出したものの1つが、clock（時計）と呼ばれる発明品である。

昔は、時間を知るために太陽を使ういくつかのclockがあった。それらの一部は日時計と呼ばれた。もちろん日時計は夜間には使えないので、水を使った水時計と呼ばれるclockや、空の星に基づいて時を知らせるclockさえあった。現在では、ほぼ完ぺきに時刻を示すことができる原子時計がある。

面白いclockは世界中に見つかる。世界で最も有名なclockの1つはロンドンにある。それはしばしばビッグ・ベンと呼ばれるが、ビッグ・ベンは実際にはそのclockがある塔の名前である。ビッグ・ベンのclockは幅7メートルで、塔の高さは96メートルである。1859年に建てられた当時は世界最大のclockだったが、今ではもっと大きなclockがたくさんある。現在の世界最大のclockは、サウジアラビアにある幅43メートルのclockである。

軽くて持ち運びやすい種類のclockは、しばしばwatchと呼ばれる。人々がwatchを思い浮かべるとき、たいていは腕に装着できるものを想像する。このようなwatchは"wristwatch（腕時計）"と呼ばれる。別の種類のwatchは、ポケットに入れて持ち運びできるものである。これらはもちろん、一般に"pocket watch"と呼ばれている。多くの学生が、テスト中に時間を管理するためにwatchを使う。

スマートフォンが普及するにつれて、多くの人々がスマートフォンで時間を確認し始め、その結果watchを身につける人々が減った。しかし、さまざまな用途を持つ「スマートウォッチ」が小型化し、使いやすく、安価になったことで、再びwatchを身につける人々が増えている。clockやwatchの未来は誰にも予測できないが、人々が何時なのかを常に知りたがることは確かである。

語句

throughout「～の間中ずっと」
come up with ～「～を考えつく」
invention「発明（品）」
in the past「過去には，昔は」 sundial「日時計」
clepsydra「水時計」 based on ～「～に基づいて」
atomic clock「原子時計」 wristwatch「腕時計」
manage「～を管理する」 as a result「その結果」
it is certain (that) ～「～（ということ）は確かだ」
sand「砂」 using「～を使って」

⬆ **得点アップ**

この文章では，clock と watch の違いを理解するのが大きなポイントになる。第1段落では，一般に「時計」と呼ばれるものを clock と表現し，第4段落では「clock の一種として watch がある」と説明されている。英文を読むときと同様に，キーワードの意味を正しくつかみながら聞くことが大切である。

---

067 ① イ ② エ ③ イ ④ ウ

解説 設問文を日本語に直すと，「先生が講義を始めるのを聞いて，下の4つの質問に答えなさい。先生の話は2回読まれます」となる。

①この講義のテーマは何だろうか。

ア 経済がどのように農業を変えたか。

○イ 都市ではどのようにしてより多くの農業が行われているか。

ウ 農家が工場を使い始めているのはなぜか。

エ 農業をするいなかの人が減っているのはなぜか。

第2段落で3つのタイプの都市農園が説明されており，最後の段落で「今日は都市農園のすべてについて話し合う」とあるので，イが正解。なお，イの is being done は，現在進行形（is ＋～ing）と受動態（be done）を組み合わせた形で，「行われつつある」という意味を表す。

②話し手によれば，過去に比べて農家の数はどのように変化したか。

ア 農家の数は半分減った。

イ 農家の数は70％減った。

ウ 今日では農家の数は150年前よりも少し少ない。

○エ 今日では農家の数は100年前の10％しかない。

第1段落の第4文に「今日では農家の数は100年前に比べて90％減少している」とあるので，エが正解。なお，エの what it was 100 years ago は「それ［＝農家の数］が100年前にそうであったもの→100年前の農家の数」ということ（what は関係代名詞）。

③話し手が紹介しているタイプの農園の利点の1つでないのは何か。

ア 新鮮な食べ物が入手できるようにする。

○イ 都会での仕事に対する報酬を増やす。

ウ 地域のより強い結びつきを作り出す。

エ 自然環境をより健全にするのに役立ちうる。

第2段落の最後の文（Now, in addition to ア bringing fresh fruits and vegetables to city populations, all three of these kinds of farms also ×イ provide jobs, ウ a sense of community, and often エ improve the environment.）から考える。選択肢のア～エはそれぞれ上記のア～エに対応しているが，イ（仕事を提供する）と選択肢のイは内容的に一致しない。都市の農園は農場で働くという仕事を提供するが，それによって pay（仕事に対して支払われる給料・報酬など）が増えるわけではない。また，農産物を売って得た収入（income）は pay とは言わない。

④話し手が次に最も話題にしそうなことは何か。

ア 都市の農園。 イ 地域の土地の農園。

○ウ 工場内の農園。 エ 屋上の農園。

第2段落では，都会の農園として「地域が共有する土地の農園」「工場内の農園」「屋上の農園」の3種類がこの順に挙げられている。そして最後の文で，「まず2番目に話した農園を取り上げ，その後で地域の農園と屋上の農園の話に移る」と言っている。したがって，ウが正解。

スクリプト

Okay, class. Let's get started on today's lesson. As you know, we've been discussing recent trends in farming, particularly, we learned how there has been a great decrease in the number of people working on farms over the last 150 years or so. And if you can remember, we saw that today there are 90 percent fewer farmers than there were a century ago. Do you remember how much of the population worked on farms back then? That's right, nearly half. This is mostly true for the developed world. Basically, as technology and society developed, people moved from farming into other industries, and this was mostly for economic reasons.

Today, however, we're going to discuss something that is on the increase. Now, when we talk of farming, we usually think of the countryside, you know, some place away from the hustle and bustle of the city. But interestingly enough, we are seeing more and more farms being built within cities. Sometimes these farms are on shared community land, where people living in the area can grow some vegetables for themselves. Sometimes these farms are in factories that grow vegetables or fruit for local markets. And sometimes these are on rooftops. Have you heard of these before? They are farms built on the unused tops of city roofs. Isn't that interesting? Now, in addition to bringing fresh fruits and vegetables to city populations, all three of these kinds of farms also provide jobs, a sense of community, and often improve the environment.

Anyways, we're going to talk about all three of these types of city farms today, but first, I want to focus on the second one that I mentioned and then after that, get to the community and rooftop ones.

【全訳】

さて，クラスの皆さん。今日の授業を始めましょう。ご存知のように，私たちは農業の最近の傾向について議論してきて，特に，過去150年ほどの間に，農場で働く人々の数が大きく減少していることを学びました。そして思い出せるなら，今日では農民の数は100年前に比べて90％減少していることがわかりました。当時，農場で働いていた人々は人口のうちのどのくらいだったか覚えていますか？　そう，半分近くです。これはほとんどの先進国に当てはまります。基本的に，科学技術や社会が発展するにつれて，人々は農業から他の産業に移っていきましたが，これはほとんどが経済的な理由によります。

しかし今日，私たちは増えているものについて議論します。今では農業と言えば，普通は都会の喧騒から離れたいなかが思い浮かびます。しかし興味深いことに，都市の中に作られる農園がどんどん増えています。時にはこれらの農園は地域で共有された土地にあり，そこではその地域の人々が自分たちのために野菜を育てることができます。またこれらの農園は，地元の市場向けに野菜や果物を生産する工場の中にある場合もあります。さらに，時には屋上にもあります。これらについて以前に聞いたことがありますか。それらは都市の屋根の使われていない屋上に作られた農園です。面白いと思いませんか。今では，これら3つの種類の農園のすべてが，都会の人々に新鮮な果物や野菜を提供するだけでなく，雇用やコミュニティ意識をもたらし，環境を改善することも多いのです。

とにかく，私たちは今日これら3つのタイプの都市農園のすべてについて語り合いますが，まず2番目に話した農園に焦点を当て，その後で地域の農園と屋上の農園の話題に移ります。

【語句】

get started on ～「～を始める」
discuss「～を話し合う，議論する」
recent「最近の」　trend「傾向」　farming「農業」
farm「農業(経営)をする」　particularly「特に」
decrease in the number of ～「～の数の減少」
～ or so「～かそこら」　population「人口」
back then「当時」　nearly「ほとんど～近く」
mostly「大部分は」　developed world「先進国」
basically「基本的に」　technology「科学技術」
society「社会」　develop「発展する」
industry「産業」　economic「経済的な」
on the increase「増加しつつある」
talk of ～「～について話す」
think of ～「～のことを考える，～を思い出す」
countryside「いなか」
the hustle and bustle of the city「都会の喧騒」
interestingly enough「興味深いことに」
shared community land「地域で共有された土地」
area「地区，区域」　grow「～を栽培する」
factory「工場」　local「地元の」　rooftop「屋上」
unused「使われていない」
in addition to ～ing「～することに加えて」
provide「～を供給する，提供する」
anyway(s)「とにかく」
focus on ～「～に集中する」
mention「～に言及する」
compared to ～「～に比べて」
the past「過去」　by half「半分だけ」

⑦ 得点アップ

③の解説からもわかるとおり，説明文の聞き取りでは，単語や文の音が聞き取れるだけでは正解にたどり着けない。正確な読解力をベースにして，本文の内容に合う選択肢を選ぶための思考力や語い力が必要になる。くり返しになるが，要するにリスニング問題は解答時間の短いリーディング問題だと考えてよい。

第6回 **実力テスト**

1 ① ウ　② イ　③ ア　④ エ

解説 ①第2文を参照。

ア　午後9時ごろ。

イ　毎朝。

〇ウ　午後5時半ごろ。

エ　ベンはその晩外出しなかった。

②第3文を参照。

ア　高校生だから。

〇イ　友人を訪ねるのが楽しいから。

ウ　母と父が彼にそうするように言うから。

エ　帰省するのが好きではないから。

③第2文を参照。

〇ア　放課後に毎日。

イ　午後3時半に。

ウ　午後5時半に。

エ　彼のチームは今年はとても強い。

④第2文を参照。

ア　2万円持っているから。

イ　冬が来るのが楽しみだから。

ウ　店長が時々怒るから。

〇エ　新しいスノーボードを買いたいから。

[スクリプト]

① Ben watches the news every morning. Last night, the Yamanote train was stopped at around 5:30 p.m. People could not go home for many hours. The train started running again at about 9:00 p.m. Ben did not go out that night, so he was lucky.

Question: When did the train stop?

② Takashi traveled to his hometown for summer vacation. He enjoys going home for a few different reasons. One reason is he likes to visit his friends from high school. He also enjoys climbing the mountain near his house. The mountain is called Iwate-san, and it is the tallest mountain in the prefecture.

Question: Why does Takashi like traveling to his hometown?

③ Patrick is a member of the basketball team. His team starts practice every day after school at 3:30 p.m. Practice usually ends at 5:30 p.m, but sometimes he has to stay until 7 p.m. This year, his team is very strong. Patrick hopes that his team will win the school championship this year.

Question: How often does Patrick's team practice?

④ I work part-time at a convenience store. I am trying to save enough money to buy a new snowboard. The snowboard will cost 40,000 yen, and right now I have 20,000 yen. I like my part-time job, but sometimes the manager gets angry and yells at me. Winter is coming soon, and I am very excited to get my new snowboard!

Question: Why does he work at a convenience store?

[全訳]

①ベンは毎朝ニュースを見る。ゆうべ，山の手線の電車は午後5時半ごろ運行が止まった。人々は何時間も家に帰ることができなかった。電車が再び走り始めたのは午後9時ごろだった。ベンはその夜外出しなかったので，運がよかった。

問：電車はいつ止まったか。

②タカシは夏休みに故郷に帰省した。彼はいくつかの理由で家へ帰るのを楽しむ。1つには，彼は高校時代の友だちを訪ねるのが好きだ。また家の近くの山に登るのも楽しむ。その山は岩手山と呼ばれており，県内で一番高い山だ。

問：タカシが帰省するのを好むのはなぜか。

③パトリックはバスケットボールチームのメンバーだ。彼のチームは毎日，放課後の午後3時半に練習を始める。練習はふだんは午後5時半に終わるが，時には午後7時まで残らなければならないこともある。今年，彼のチームはとても強い。パトリックは今年は彼のチームが学校の大会で優勝することを望んでいる。

問：パトリックのチームはどのくらいの頻度で練習するか。

④私はコンビニでアルバイトをしている。私は新しいスノーボードを買えるだけのお金を貯めようとしている。スノーボードを買うには4万円かかりそうで，今私は2万円持っている。私は自分のアルバイトが好きだが，時々店長が私を怒ってどなる。もうすぐ冬が来るので，新しいスノーボードを買うのがとても楽しみだ！

問：彼がコンビニでアルバイトをするのはなぜか。

[語句]

work part-time「アルバイトをする，非常勤で働く」

save money「お金を貯める」

snowboard「スノーボード(の板)」

cost「～の金額がかかる」　right now「ちょうど今」

yell at ～「～に向かってどなる」

2 ① イ　② エ

解説　①スージーが食べた赤い果物は、イチゴ5個とリンゴ1個。

ア　5個　　○イ　6個
ウ　7個　　エ　8個

②第1文から、キムは最後に遊んだウサギが一番好きだとわかる。

ア　サル　　イ　ペンギン
ウ　クマ　　○エ　ウサギ

スクリプト

① Susie ate 5 strawberries during breakfast. She had a banana and an orange for lunch. She ate one red and one green apple after dinner.

Question: How many red fruit did Susie eat today?

② Kim always does her favorite thing last. The other day, she went to the zoo. First she looked at some monkeys. Then she went to the penguin section. After that, she saw the bears and then she went to play with some rabbits.

Question: What is Kim's favorite animal?

全訳

①スージーは朝食の間にイチゴを5個食べた。彼女は昼食にバナナを1本とオレンジを1個食べた。彼女は夕食後に赤いリンゴ1個と青いリンゴ1個を食べた。

間：スージーは今日、赤い果物を何個食べたか。

②キムはいつも一番好きなことを最後にする。先日、彼女は動物園へ行った。最初に彼女はサルを見た。それからペンギンのコーナーへ行った。その後、彼女はクマを見て、それからウサギと遊びに行った。

間：キムが一番好きな動物は何か。

3 ① イ　② エ

解説　①第1文を参照。

ア　サーモン（アメリカン）ドッグ。
○イ　サーモンホットドッグ。
ウ　サーモンバーガー。
エ　サーモンマカロニ。

②第5文を参照。

ア　漁業の仕事に就くことによって。
イ　学校まで歩いて行くことによって。

ウ　サケ漁をする川で泳ぐことによって。
○エ　地元の漁師たちと話すことによって。

スクリプト　Salmon burgers, salmon macaroni, and salmon corn-dogs are served as school lunches in the city of Sitka in Alaska. In Sitka, the fish is fresh, local, and it tastes great. Sitka is located on an island in the Pacific Ocean. Nearly 20 percent of the people who live there have jobs in fishing. In schools, the students walk to salmon rivers and talk to local fishermen to learn about the business of fishing. Students get a hands-on education with the people and the environment around them. Sitka's program is part of a growing trend toward supporting local foods.

① Which food is not served as a school lunch in Sitka?

② How do the students in Sitka learn about the business of fishing?

全訳　アラスカのシトカ市では、サーモンバーガー、サーモンマカロニ、サーモンドッグが学校給食として提供されている。シトカでは、魚は新鮮で、地元産で、味も素晴らしい。シトカは太平洋上の島にある。そこに住む人々の20%近くが漁業の仕事に就いている。学校では、サケ漁をする川まで歩いて行き、漁業の仕事について学ぶために地元の漁師と話す。生徒たちは、自分のまわりの人々や環境を通じて実践的な教育を受ける。シトカのプログラムは、地元の食品を支援するために増えつつある傾向の一部である。

①シトカの学校給食として出されないのはどの食品か。

②シトカの生徒たちはどのようにして漁業の仕事について学ぶか。

語句

salmon「サーモン、サケ」 macaroni「マカロニ」
salmon corn-dog「サーモンドッグ」（アメリカンドッグのソーセージの代わりにサケを使った食品）
local「地元（産）の」
be located on ～「～に位置する」 island「島」
the Pacific Ocean「太平洋」
nearly「ほとんど、～近く」 fishing「漁業」
fisherman「漁師」 hands-on「実地の」
education「教育」 trend「傾向、トレンド」
support「～を支援する」

4 ① エ　② ウ

解説 ①文章全体の内容から判断する。エは，第2段落の最後の部分に即して言えば「番号を覚えるために作られたフレーズがあればあなたは電話番号を覚えなくてよい」の方がより正確だが，他の3つは明らかに誤りなのでエが正解。

ア　電話機の番号を見ることは，電話番号を覚えるのに役立つ方法である。

イ　携帯電話は必要な電話番号を覚えることができない。

ウ　店が電話番号を覚えてほしいと思うとき，店はその番号を何度もあなたに伝える。

○エ　番号を覚えるために作られたフレーズは，あなたが電話番号を覚えるのに役立つ。

②絵を見ると，たとえば N は6の下，i は4の下にある。そのようにして文字と数字を対応させて順に並べると，ウになる。なお，第3段落の "Thumb up" は，承認や賛成のしぐさをする際の thumbs-up sign（親指を立てる合図）の意味をこめたもの。

スクリプト In this listening test, you will use the picture and hear a speech. After listening to it, you will hear two questions. Each question will be read only once and you must choose one answer. Now begin.

How do you remember phone numbers? Usually, you don't need to remember phone numbers because your cellphone remembers them for you. However, it is sometimes necessary to remember numbers, for example, when you don't have a cellphone with you. Today, I'll introduce a way of remembering numbers. It is used in Australia. I hope it will be useful for you.

Have you looked at the numbers on a phone carefully? If you do that, you will find something under some of the numbers. Now, look at the picture. The number 1 and 0 have nothing written under the numbers. But, the numbers from 2 to 9 have something. For example, the number 2 has ABC, the number 3 has DEF, and the number 9 has WXYZ. Like this, they are written in order. By using this rule, you can call someone without remembering the numbers. You just need to remember a phrase.

I'll tell you one example. Imagine you're now watching TV, and a shop wants you to remember its phone number. Then, it says, "Thumb up." "Thumb up" is written T-H-U-M-B-U-P. In that order, you push "Thumb up" on the phone. Please push T-H-U-M-B-U-P. Then you can call the number 8486287. Now, I'll give you a quiz. What is the phone number for the shop with the phrase "Nice cat"?

① Which is true about this speech?

② Which is the correct number for "Nice cat"?

全訳 このリスニングテストでは，絵を使ってスピーチを聞きます。それを聞いた後，2つの質問を聞きます。それぞれの質問は一度だけ読まれ，1つの答えを選ばなければなりません。では，始めます。

あなたは電話番号をどのように覚えていますか。普通は，携帯電話が記憶しているので，電話番号を覚える必要はありません。しかし，たとえば携帯電話を持っていないときなどに，番号を覚えておくことが必要な場合があります。今日は，番号を覚える方法を紹介します。それはオーストラリアで使われています。あなたのお役に立てば幸いです。

携帯電話の番号を注意して見たことがありますか。よく見ると，いくつかの数字の下に何か書いてあるのがわかります。では，絵を見てください。1と0の数字の下には何も書かれていません。しかし，2から9までの数字には何か書いてあります。たとえば，2の数字には ABC，3の数字には DEF，9の数字には WXYZ と書かれています。このように，それらは順番に書かれています。このルールを使えば，番号を覚えなくても誰かに電話をかけることができます。フレーズを覚えさえすればよいのです。

例を1つ挙げましょう。あなたが今テレビを見ていて，ある店があなたに電話番号を覚えるよう求めていると想像してください。そしてその店は，"Thumb up" と言います。"Thumb up" は T-H-U-M-B-U-P と書かれます。その順番に，あなたは電話機の "Thumb up" を押します。T-H-U-M-B-U-P を押してください。そうすれば，8486287という番号に電話することができます。では，クイズを出しましょう。"Nice cat（すてきなネコ）" というフレーズの店の電話番号は何番でしょう。

①このスピーチについて正しいのはどれか。

②"Nice cat" に対する正しい数字はどれか。

7 記述問題

068 ① **blue** ② **fly**
③ 例 **you[we] can see stars
[stars can be seen]**

解説 ①第1のヒントから「青」が入る。
②第1のヒントから「飛ぶ」が入る。
③答えは「空」だから、「夜にはそこ（で）は…」の空所に入る言葉を考える。正解例は「星を見ることができる[星が見られる]」。

スクリプト Let's start the quiz "What is it?" Listen to the three hints and guess the answer. If you get the answer, please raise your hand. Are you ready?

Hint No.1: It is sometimes red, sometimes blue, sometimes gray, and sometimes black. Hint No.2: Birds and planes fly in it. Hint No.3 ... Oh? Did you already get the answer? Yeah, that's right. The answer is "sky." Good job.

Then, can you guess my third hint? It starts with "at night." Now please begin.

全訳 「それは何？」クイズを始めましょう。3つのヒントを聞いて、答えを推測しなさい。答えがわかったら、手を挙げてください。準備はいいですか。

第1のヒント。それは時には赤い色、時には青い色、時には灰色、時には黒です。第2のヒント。鳥や飛行機がその中を飛びます。第3のヒント…おや？ もう答えがわかりましたか？ はい、正解です。答えは「空」ですね。よくできました。

では、3番目のヒントを推測できますか。それは「夜には」で始まります。では始めてください。

069 ① **dictionary** ② **train**
③ **eleven**

解説 「メアリーは授業のために①辞書が必要／③11時に②電車に乗る」という内容のメモを作る。

スクリプト Hajime, I need your help. Do you see my dictionary on the desk in my room? I need it for my Japanese lesson. Can you bring it to me? I'm in front of the station. I have to take the train which leaves at eleven, so I don't have time to go back home.

全訳 ハジメ、あなたの助けが必要なの。私の部屋の机の上に辞書が見えるでしょ？ 日本語の授業で必要なの。持ってきてくれない？ 今私は駅の前にいるわ。11時発の電車に乗らなくちゃならないから、家に帰る時間がないのよ。

070 例 **I want to clean the park near my school.**

解説 キャシーはカズヤに「どんなボランティア活動をしたいか」と尋ねているので、I want to（〜したい）という形で答える。正解例は「学校の近くの公園をきれいにしたい」。その他、I want to collect empty cans left [thrown away] in the park or on the street.（公園や通りに残された[捨てられた]空き缶を集めたい）、I want to work as a volunteer guide for foreign tourists and improve my English skills.（外国人観光客のためにボランティアのガイドとして働いて、英語力を高めたい）などと答えてもよい。

スクリプト
Kazuya: Hi, Cathy. Have you ever done any volunteer activities in America?
Cathy: Yes, of course. Do you want to do a volunteer activity in high school?
Kazuya: Yes, I do.
Cathy: What do you want to do?
Kazuya: (　　　　　　　　).
全訳
カズヤ：やあ、キャシー。君はアメリカでボランティア活動をしたことはあるかい？
キャシー：ええ、もちろん。あなたは高校でボランティア活動をしたい？
カズヤ：うん、したい。
キャシー：何をしたいの？

071 ① **blue** ② **restaurant**
③ **designer**

解説 ①説明の内容から考えて、「青」が正解。
②説明の内容から考えて、「レストラン」が正解。
③説明の内容から考えて、「デザイナー」が正解。

スクリプト

① This is a color. This is used for telling people when they are sad. It is the color of a clear sky or the sea on a clear day. What is this color?

② You can buy and eat cooked foods at this place. You sit down and servers bring food which you ordered. But it is not the place called café. What is this place?

③ Your job is to make plans for the looks of clothes, bags, or shoes by making drawings or patterns. Sometimes you use computers to make the layouts. Who are you?

全訳

①これは色です。これは悲しいときに人々に伝えるために使われます。それは晴れた空や晴れた日の海の色です。この色は何ですか。

②この場所では調理された食品を買って食べることができます。あなたは席につき，給仕が注文した料理を持ってきます。しかし，カフェという名の場所ではありません。この場所は何ですか。

③あなたの仕事は，絵や模様を作ることによって，服やバッグや靴の外見のための計画を立てることです。時にはコンピュータを使って設計図を作ります。あなたは誰ですか。

語句

server「給仕（人）」 order「～を注文する」
clothes「衣服」 drawing「（線で描いた）絵」
pattern「模様」 layout「設計（図）」

㋑ 得点アップ

聞き取った単語や読み上げられた説明に合う単語を書いて答える問いでは，つづり字を誤りやすい語がよく出題される。②の restaurant や③の designer はその典型である。この種の問題への対策として，長い単語やカタカナ言葉になっている単語の正確なつづり字を覚えておく必要がある。

072 ① ライオン ② リンゴ
③ 月 ④ 砂漠 ⑤ 馬

解説 全訳を参照。

スクリプト

① This animal is sometimes called the King of The Animals. It is a kind of big cat. They mainly live in Africa. They are light brown in color, and males have a lot of brown hair around their necks. They are very powerful, and great hunters.

② This fruit is popular in many countries. It grows on trees and is usually ready to pick in the autumn. Each fruit is usually a little bigger than a tennis ball. They feel hard, and they are green or red in color. In America, people like to bake them in pies.

③ This is something we can see when we look into the sky at night. It sometimes looks like a big, bright ball but, at other times, it's smaller and looks like part of a circle. In this part of Japan, it looks brightest on clear winter nights.

④ This is an area of land in which there is little or no water, so no plants can grow. It is usually a hot and dry place where there is only sand. The largest area is in North Africa, but there are also large areas, in China and Australia.

⑤ These are big animals with four legs which were very important in Japan in the past, because they were used to carry people and things to faraway places. These animals can run very fast and, even now, many people like to go to special stadiums to watch them racing around a track.

全訳

①この動物は，時に「百獣の王」と呼ばれる。大きなネコの一種である。主にアフリカに住んでいる。色は薄茶色で，オスは首のまわりに茶色の毛がたくさん生えている。とても力が強く，狩りの名手である。

②この果物は多くの国々で人気がある。木に実り，普通は秋に収穫できる。それぞれの果実は，たいていテニスボールより少し大きい。硬く感じ，色は緑か赤である。アメリカでは，人々はパイに入れて焼くのを好む。

③これは，夜に空を見たときに見えるものである。大きくて明るい球のように見えることもあるが，小さくて円の一部のように見えることもある。日本の

この地方では，冬の晴れた夜に最も明るく見える。

④これは，水がほとんどまたは全くなく，そのため植物が育たない土地の区域である。たいていは砂があるだけの，高温で乾燥した場所である。最も広い区域は北アフリカだが，中国やオーストラリアにも広い区域がある。

⑤これらは4本足の大きな動物で，人や物を遠くの場所へ運ぶのに使われたため，昔の日本ではとても重要だった。これらの動物はとても速く走ることができるので，今でも多くの人々が特別な競技場へ行き，それらがトラックを周回するレースを見るのを好む。

[語句]

mainly「主に」 male「オス」 neck「首」
powerful「力が強い」 pick「摘み取る」
bake「～を焼く」 pie「パイ」 faraway「遠方の」
stadium「競技場，スタジアム」

---

073 ① **Can I ask you something?**
② **What's in it?**

[解説] ① Can I は「キャナイ」，ask you は「アスキュー」と音がつながって聞こえる。
② in it は「イニット」と聞こえる。

[スクリプト]
① I have a problem. <u>Can I ask you something?</u>
② This soup is so good. <u>What's in it?</u>
[全訳]
①問題があります。ちょっとお尋ねしていいですか。
②このスープはとてもおいしいです。何が入っているのですか。

---

074 ① **some things we want for cheap**
② **not to waste too much money on them**

[解説] ① something は1語だが，some things（いくつかのもの）は2語として書く。
② waste（～を浪費する）の発音は waist（腰）と同じ。

[スクリプト] Online auctions are popular in Japan. This is because we can take part in them on our smartphone and get ① <u>some things we want for cheap.</u> People of all ages are enjoying them often. However, we must be careful ② <u>not to waste too much money on them.</u>

[全訳] 日本ではオンラインオークションの人気が高い。これは，スマートフォンで参加して，ほしいものを安く手に入れられるからである。あらゆる年齢の人々がそれをしばしば楽しんでいる。しかし，それにお金を使いすぎないよう注意しなければならない。

[語句]

auction「オークション，競売」
take part in ～「～に参加する」 for cheap「安く」
waste O on ～「～にOをむだ使いする」

---

075 ① **it will cost for**
② **with that amount**
③ **weather is very dry**
④ **taking place**
⑤ **on October tenth**

[解説] ①〈it costs 金額 for ～〉で「～に（とって）…の金額がかかる」という意味を表す。
② amount は「量，金額」。with that amount (of money) は「その金額[＝10万円]を使って」の意味。
③ weather（天気）のつづりに注意。
④ take place は「行われる」という意味の熟語。There is A taking place. で「A が行われているところだ」という意味になる。
⑤日付を表すには，「～番目」の意味の数字を使う。「10月10日」は「10月の10番目（tenth）の日」ということ。

[スクリプト]
M: Where are you going at the end of the year?
F: Well, I want to go to a tropical island.
M: Like Hawaii or Guam?
F: Can you find out how much ① <u>it will cost for</u> a family of 4 on the Internet?
M: OK. I'll check the price in the book store without buying anything.
F: Our budget for 4 is ¥100,000.
D: Daddy, you can't go to "Disneyland" ② <u>with that amount.</u>
F: Just joking. But try to find the cheapest rates available.

M: I'll do my best.

(After arriving in Hawaii)

D: All right! We're in Hawaii. It's different than in Japan. It's not humid.

F: I feel comfortable because the ③ weather is very dry.

D: The ocean is crystal clear and beautiful.

F: You're right. What a beautiful white beach! Oh, look over there. There is a wedding ④ taking place.

D: You're right. How lovely!

F: One of Dad's classmates will get married ⑤ on October tenth.

D: How nice! I'd like to get married here in Hawaii someday.

[全訳]

M：年末はどこへ行く予定なの？

F：そうだね，熱帯の島へ行きたいな。

M：ハワイとかグアム？

F：家族４人①でいくらかかるか，インターネットで調べてくれるかい？

M：いいわよ。何も買わずに書店で値段を確認するわ。

F：ぼくたちの４人分の予算は10万円だ。

D：パパ，②その額じゃ「ディズニーランド」すら行けないわ。

F：冗談さ。でも利用できる一番安い料金を探してみてよ。

M：できるだけやってみるわ。

(ハワイ到着後)

D：やったわ！ ハワイに来たわ。日本とは違うわね。じめじめしていないわ。

F：③気候がとても乾燥しているから快適だね。

D：海が透明できれいだわ。

F：そうだね。なんてきれいな白いビーチなんだ！ ほら，向こうを見て。結婚式が④行われているよ。

D：そうね。とってもすてき！

F：パパのクラスメイトの１人が⑤10月10日に結婚するんだ。

D：すてきね！ 私もいつかこのハワイで結婚したいわ。

076 ① イ

② 例 **I would like to write English stories.**

[解説] ①ア 全生徒が５日間の英語合宿に参加する予定である。→合宿は３日間だから誤り。

○イ 生徒は合宿中には日本語を話してはならない。→第５文の内容に一致する。

ウ ２日目には，生徒は午前中にいくつかの英語の歌を歌う。→英語の歌を歌うのは１日目だから誤り。

エ 最終日には，生徒は午後に英語のスピーチをする。→英語のスピーチをするのは２日目だから誤り。

②「どんな英語の活動をしたいか」という問いに答える。正解例は「英語の物語を作りたい」の意味。

[スクリプト] Hello, everyone. I'll tell you about next week's Summer English Camp. The camp will be for three days. You will have some English classes and events. During the camp, you must only use English. On the first day, you will sing some English songs. On the second day, you will climb a mountain in the morning. After lunch, each of you will make a speech in English in front of other students. On the last day, you will make groups of five or six students and do some English activities. We haven't decided what English activities you will do on the last day. What English activities would you like to do in your group?

[全訳] 皆さん，こんにちは。来週の夏期英語合宿についてお伝えします。合宿は３日間行われます。英語の授業やイベントがあります。合宿中は，英語しか使ってはいけません。１日目は，いくつかの英語の歌を歌います。２日目は，午前中に山を登ります。昼食後，他の生徒の前で各自が英語でスピーチをします。最終日は，５〜６人のグループを作って，いくつかの英語の活動をします。最終日にどんな英語の活動をするかはまだ決めていません。皆さんは自分のグループでどんな英語の活動をしたいですか。

077 ① (1) **school[university, class]**

(2) **experience[chance]**

(3) **needed[necessary, useful]**

② ウ

[解説] ①完成した文の意味は次のとおり。

(1)「ギャップイヤーを選ぶと，学校[大学，授業]には行かないことになる」

(2)「ギャップイヤーの間に素晴らしい経験［機会］を得て，自分の興味の対象と新しい技能を見つけることができる」

(3)「ギャップイヤーの間に仕事を得ることができ，多くのお金が大学生活に必要な［役に立つ］ので，あなたを助けるだろう」

②「ギャップイヤーの間にすべき最もよいことはどれか」。本文にはギャップイヤーの3つの利点が挙げられている。その最後に「何かの仕事に興味があれば，その仕事をやってみることができる」とある。したがってウの「アルバイト［非常勤の仕事］をすること」が正解。ア「宿題をすること」，イ「家事をすること」，エ「運動すること」は，日常生活の中でもできるので不適切。

[スクリプト] Today, I'll introduce a gap year. A gap year is taking a one-year break from your study. Here are some good things about a gap year.

First, in a gap year, you can do anything you want to do, for example, going to study abroad, volunteering, or even hitchhiking across the country. You can go outside of your classroom and find many chances to see different worlds.

Also, if you do not know what to do in your future, you will find your interests in a gap year. Or you can spend the year to see new worlds and get new skills. It will lead you to your favorite subject in university.

Finally, if you are interested in some job, you can try the work in a gap year. It will be great because not only will you understand the job more deeply, but you can also get money. The cost of university is very expensive so you will be ready for a new life during the year.

Do you think it is amazing? Ask your parents or teachers for advice if you are interested. Think about it carefully from now, and you will find a wonderful world.

[全訳] 今日はギャップイヤーを紹介します。ギャップイヤーとは，勉強を1年間中断することです。ギャップイヤーのよい点をいくつか挙げます。

第1に，ギャップイヤーでは，たとえば留学，ボランティア，ヒッチハイクで全国を回るなど，自分のやりたいことが何でもできます。教室の外に出て，いろいろな世界を見る多くの機会を見つけることができます。

また，将来何をしたらいいかわからなければ，ギャップイヤーで自分の興味の対象を見つけることができるでしょう。あるいは新しい世界を見て新しい技能を身につけるためにその1年を過ごすこともできます。それが大学での大好きな科目にもつながります。

最後に，もし何かの仕事に興味があるなら，ギャップイヤーでその仕事をやってみることができます。そうすればその仕事をより深く理解できるだけでなくお金も手に入るので，素晴らしいことです。大学の費用はとても高いので，その1年の間に新しい生活の準備ができます。

すごいと思いますか？興味があれば親や先生に助言を求めてください。今からじっくり考えれば，すてきな世界が見つかるでしょう。

[語句]
take a break「休憩する，中断する」
volunteer「ボランティア活動をする」
hitchhike「ヒッチハイクをする」 deeply「深く」
cost「費用」
be ready for ～「～の準備ができている」
amazing「驚くべき，素晴らしい」
ask O for advice「O に助言を求める」

078 例 What kind of books do you like?

[解説]「きのうはたくさんの本を（図書館から）借りた」という広子の発言に対する応答を考える。正解例は「どんな種類の本が好きなの？」の意味。
What kind of books [How many books] did you borrow?（どんな種類［何冊］の本を借りたの？）などでもよい。

[スクリプト]
Mike: I saw you at the station yesterday. Where did you go?
Hiroko: I went to the library, because I like reading books.
Mike: How often do you go there?
Hiroko: I go there every week. I borrowed a lot of books yesterday.
Mike: （チャイム）
[全訳]
マイク：きのう君を駅で見かけたよ。どこへ行った

の？

広子：図書館へ行ったのよ，私は本を読むのが好きだから。

マイク：図書館へはどのくらい頻繁に行くの？

広子：毎週行くわ。きのうはたくさんの本を借りたの。

⏎ 得点アップ

このタイプの問いは，リスニング問題とライティング問題を融合したものと言える。大文字・小文字の間違いや，文末の句読点のつけ忘れなどの初歩的なミスもよく見られるので，正しい形の英文を書く練習を積んでおこう。

---

079 例 Let's take a bottle of orange juice.

解説 ①ゴロウは「（病気で休んでいる）ダイキに何を持って行こうか」と尋ねているので，その状況に合う英文を答える。正解例は「オレンジジュースを持って行こう」の意味。I can take some comic books.（ぼくはマンガの本を持って行けるよ）などでもよい。

スクリプト

Mike: I haven't seen Daiki today.

Goro: He is absent from school today. He had a fever yesterday.

Mike: I hope he gets well soon. Shall we visit him after school today?

Goro: Good idea. What shall we take for him?

Mike: ＿＿＿＿＿＿＿.

全訳

マイク：今日はダイキに会っていないんだ。

ゴロウ：彼は今日は学校を休んでいるよ。きのう熱があったんだ。

マイク：早くよくなるといいね。今日の放課後にお見舞いに行こうか？

ゴロウ：いい考えだね。彼に何を持って行ってあげればいいかな？

---

080 例 I agree (with her). Your father will be happy if he gets what[the thing that] he really wants.

解説 正解例は「（彼女に）賛成です。あなたのお父さんは，自分が本当にほしいものをもらったらうれしいでしょう」という意味。この文の what は「〜する[である]もの」の意味の関係代名詞で，the thing(s) that で言い換えられる。否定的な答えなら，I don't think it's a good idea. Your father will be happy to get anything from you.（それはいい考えじゃないと思います。あなたのお父さんはあなたから何をもらっても喜ぶでしょう）など。

スクリプト

It's my father's birthday soon. I'd like to give him something, but I don't know what he wants. So I asked one of my friends what I should give him. She said, "You should ask him what he wants for his birthday." What do you think about this idea? And why do you think so?

全訳

もうすぐお父さんの誕生日なの。何かあげたいけど，お父さんが何をほしがっているのかわからない。だから友だちの1人に，何をあげたらいいか聞いてみたの。彼女は「誕生日に何がほしいかお父さんに聞いてみればいい」と言った。あなたはこの考えをどう思う？ そして，なぜそう思うの？

---

081 ① search ② bored ③ situations

解説 単語の音の聞き取りに加えて，文章の意味を理解する力も求められる。順に確認しておこう。

・English is seen as difficult by A. は受動態の文。能動態で表現すると，A see English as difficult.（A は英語を難しいと[難しいものとして]考える）となる。この see は「みなす，考える」の意味。as は「〜として」の意味の前置詞。

・it is important for teachers to search for ways（方法を探すことは教師にとって大切だ）の後ろに，to make the lessons fun and

interesting(授業を楽しく興味深いものにする
ための)が続いている(to make 以下は前の
ways を修飾する形容詞的用法の不定詞)。
make ＋ O ＋ C(O を C にする)の形にも注意。

・English is A, not B. は「英語は A であっ
て B ではない」の意味。A, not B(A であって
B ではない)は, not B but A(B ではなく A だ)
とも言う。

・Teachers need to give students a
chance to use ..., and [to understand ...].
の文では, A and B の A と B に当たる部分を
考える。B は [to understand ...] だが, A は 1
[to give ...] と 2 [to use ...] の 2 つの可能性が
ある。文の意味から考えて, 2 の解釈が適切。つ
まりこの文では, 「教師は生徒たちに機会を与え
る必要がある」の後ろに, [to use ...] and [to
understand ...] という 2 つの(chance を修飾
する)不定詞が置かれている。

スクリプト "English is seen as difficult by
a lot of Japanese school students, so it is
important for teachers to ①search for
ways to make the lessons fun and
interesting. If English classes are limited
to only textbooks, vocabulary and grammar,
many students will switch off and become
②bored. English is an active subject, not a
passive one. Teachers need to give
students a chance to use their English in
fun ③situations, and to understand how it
can be useful in their daily lives."

全訳 「英語は日本の多くの学生によって難しいと
思われているので, 教師は授業を楽しく興味深いも
のにするための方法を①探すことが大切である。英
語の授業が教科書と語いと文法だけに限定されれば,
多くの生徒がやる気をなくして②飽きてしまうだろ
う。英語は能動的な科目であり, 受動的な科目では
ない。教師は生徒たちに楽しい③場面で英語を使い,
英語が日常生活でどのように役立つかを理解するた
めの機会を与える必要がある」

語句
search for ～「～を探す」
be limited to ～「～に限られる」
vocabulary「語い」 grammar「文法」
switch off「興味をなくす」
　(もともとの意味は「スイッチが切れる」)
become bored「退屈する」

---

082 ① physical ② sleep less
③ worse ④ stress
⑤ normally ⑥ suffer from
⑦ while ⑧ to prove
⑨ 56,000 [fifty-six thousand]
⑩ bring down

解説 全訳を参照。英文の構造や語いも確認してお
こう。
[A] 第 1 文(People who ...)の which は前の
内容を先行詞とする関係代名詞で, 「(そして)そ
のことが～」という意味を表す。第 2 文の the
COVID-19 pandemic は「新型コロナウイル
ス感染症の大流行」。ニュースなどでよく使われ
るので覚えておくこと。第 2 文の〈cause O to
do〉は「O が～する原因となる」という意味。
[B] 第 1 文(A　company ...)の which は, a
drug for Alzheimer's disease(アルツハイ
マー病の薬)を先行詞とする関係代名詞。〈コンマ
＋関係代名詞〉は, 先行詞に補足的な説明を加え
る働きをする。第 2 文(It is ...)の the first ...
in 18 years は「18 年のうちで初めて→18 年ぶ
りの」ということ。第 3 文(Some people ...)
の Some ～ while others .... は一種の定型表
現で, 「～なものもあれば(一方では)…なものも
ある」という意味。最後の文(The hope ...)は
The hope is A [that ...] and B [that ...]. と
いう構造で, 「希望は A と B ということだ→A
と B(ということ)が期待されている」という意
味になる。

スクリプト

[A] People who live in big cities are
sleeping less and less, which has a big
impact on their ①physical and mental
health. The COVID-19 pandemic caused
people to ②sleep less and the quality of
their sleep was ③worse. The reason was
④stress. Many people could not do the
things they ⑤normally did, so they got up
and went to sleep at different times. This
was not good because they needed
routines in their lives.
[B] A company called Biogen made a drug
for Alzheimer's disease, which is a drug
that could possibly help people who

⑥suffer from the disease.　It is also the first new Alzheimer's drug in 18 years. Some people were excited ⑦while others said that more tests were needed ⑧to prove the drug was safe.　The cost of the drug is $⑨56,000 per year for one person, which could make $1 billion for Biogen in 2022.　The hope is that there will be more drugs like this which will ⑩bring down the cost and that researchers find other cheaper treatments.

[全訳]

[A] 大都市に住む人々の睡眠時間はどんどん短くなっており，①体と心の健康に大きな影響を及ぼしている。新型コロナウイルス感染症の大流行によって，人々の②睡眠は少なくなり，睡眠の質は③より悪くなった。その理由は④ストレスだった。多くの人々は⑤ふだんしていることができなくなったため，起床と就寝の時間がまちまちになった。人々は生活の中で決まった行動を必要としたので，これはよいことではなかった。

[B] バイオジェンという名の会社が，アルツハイマー病の薬を作った。これはその病気⑥に苦しむ人々の助けとなるかもしれない薬である。それは18年ぶりのアルツハイマー病の新薬でもある。興奮する人がいる⑦一方で，その薬が安全であること⑧を証明するためにもっと多くのテストが必要だと言う人もいた。薬代は一人当たり年間⑨56,000ドルで，2022年にはバイオジェン社に10億ドルの利益をもたらす可能性がある。このような薬がもっと増えてコスト⑩を引き下げ，研究者たちがより安価な他の治療法を見つけることが期待されている。

[語句]

have an impact on ～「～に影響を与える」
physical「身体の」　mental「心の，精神的な」
quality「質」　reason「理由」　stress「ストレス」
normally「通常」
routine「日課，習慣的にくり返す行動」　drug「薬」
Alzheimer's disease「アルツハイマー病」
possibly「もしかしたら」
suffer from ～「～で苦しむ，（病気）をわずらう」
prove「～を証明する」　per「～につき」
bring down ～「～を引き下げる」
researcher「研究者」　treatment「治療（法）」

---

083 [A] ① イ　② ウ
　　 [B] 囫 ① 以前来たことがある（9字）
　　　　　② 渡してある薬を飲み続けなさい
　　　　　　（14字）

解説 [A] ①「ヘンリーはどこのホテルに泊まっていたか」という問い。

ア ロンドンの診療所の近くだった。
○イ ニューヨークの診療所の近くだった。
ウ ロンドンの診療所から遠く離れていた。
エ ニューヨークの診療所から遠く離れていた。

ヘンリーは休暇でニューヨークに来ており，診療所はホテルからわずか2ブロックしか離れていなかった。したがってイが正解。なお，最初の文の he had come to New York の下線部は過去完了形。彼がニューヨークに来たのはこの会話の時点よりもさらに過去だから，「（既に）来ていた」の意味で（came ではなく）had come を使っている。また block とは2組の平行な道路で区切られた町の区画のこと。この道路は，アメリカでは Avenue（南北の通り），Street（東西の通り）と呼ばれることがある。

②「ヘンリーが医者にうそをついたのはなぜか」という問い。lie は「うそをつく」。

ア 気分がよかったから。
イ 約束の時間に遅れたから。
○ウ あまりお金を払いたくなかったから。
エ 薬を持っていなかったから。

Henry decided to save 20 dollars（ヘンリーは20ドルを節約することに決めた）とあるので，ウが正解。初診料は40ドル，再診料は20ドルだから，「前に来たことがある」とうそをつけば20ドルの節約になる。

[B] 医者はヘンリーのうそを見抜き，（仕返しとして）彼に薬を渡さなかった，というストーリーである。

スクリプト

Henry was from London and he had come to New York for a holiday.

One day he was not feeling well, so he went to the clerk at the desk of his hotel and said, "I want to see a doctor.　Can you give me the name of a good one?"

The clerk looked in a book and then said, "Dr. Kenneth Glay, 61010."

Henry said, "Oh, just two blocks away. Thank you very much. Is he expensive?"

"Well," the clerk answered, "he always charges his patients 40 dollars for their first visit to him, and 20 dollars for later visits."

Henry decided to save 20 dollars, so when he went to see the doctor, he said, "I've come again, doctor."

For a few seconds the doctor looked at his face carefully without saying anything. Then he nodded and said, "Oh, yes." He examined him and then said, "Everything's going as it should. Just continue with the medicine I gave you last time."

Henry was surprised.

全訳

ヘンリーはロンドン出身で，ニューヨークには休暇で来ていた。

ある日，彼は気分が悪くなり，ホテルのフロントに行って「医者にみてもらいたいのです。いい医者の名前を教えてもらえますか」と言った。

受付係は本を見て，「ケネス・グレイ医師，61010です」と言った。

ヘンリーは「ああ，ほんの２ブロック先ですね。ありがとうございます。値段は高いですか」と言った。

「そうですね」と受付係は言い，「患者にはいつも初診料として40ドル，再診料として20ドルを請求します」と答えた。

ヘンリーは20ドルを節約することに決めて，医者にみてもらいに行ったとき「先生，また来ました」と言った。

医者は数秒間何も言わずに彼の顔を注意深く見た。それからうなずいて，「ああ，わかりました」と言った。彼は診察した後で「すべて順調です。この前あげた薬を続けてください」と言った。

ヘンリーは驚いた。

語句

clerk「受付係」
see a doctor「医者に診察してもらう」
charge「〜を請求する」 patient「患者」
save「〜を節約する」 second「秒」
nod「うなずく」 examine「〜を検査する」
Everything's going as it should.「すべて順調です［←万事があるべきとおりに進んでいる］」
continue with 〜「〜を続ける」 medicine「薬」

084 満月の明るさが睡眠の妨げになることもある。（21字）

解説 全訳を参照。最後の文の make sleeping more difficult は make O C（O を C にする）の形で，「睡眠をより難しくする」という意味になる。

スクリプト If you have trouble sleeping, it may be because of a full moon. Scientists say there is a link between the Moon's cycle and your sleeping patterns. They say that when there is a full moon, people have problems sleeping. The reason for this may be the Moon's brightness. When there is a full moon, the bright sky can make sleeping more difficult.

全訳 なかなか眠れないなら，それは満月のせいかもしれない。月の周期と睡眠パターンの間には関連がある，と科学者たちは言う。彼らによれば，満月のときは人は眠れなくなる。その理由は月の明るさにあるかもしれない。満月があるとき，明るい空によって睡眠がより難しくなる可能性がある。

語句

have trouble 〜ing「〜するのに苦労する」
full moon「満月」
link between A and B「A と B との間の関連性」
cycle「周期」 sleeping pattern「睡眠パターン」
have problems sleeping「睡眠の問題を持つ」（sleeping の前に of が省略された形）
brightness「明るさ」

第7回 実力テスト

1 ① daughter [Daughter]
② January

解説 ①説明の内容から考えて，「娘」が正解。つづり字に注意。
②説明の内容から考えて，「1月」が正解。

スクリプト
①This is what you call a family member. If you are a mother and you have a girl, she is this to you. The word begins with "D".

②This is a name of a month. People in Japan celebrate the first day of this month, because it is also the first day of the year. The word begins with "J".

[全訳]

①これはいわゆる家族のメンバーです。もしあなたが母親で女の子を産めば、彼女はあなたにとってこの人です。その語は D で始まります。
②これは月の名前です。日本人はこの月の最初の日を祝います。なぜならそれは年の最初の日でもあるからです。その語は J で始まります。

[語句]

what you call ～「いわゆる～[人々が～と呼ぶもの]」
begin with ～「～で始まる」　celebrate「～を祝う」

```
2  ① history
   ② remember[memorize]
   ③ pictures
   ④ memory[understanding,
      knowledge]
```

[解説]▶完成した文の意味は次のとおり。

女性は金曜日に①歴史のテストがある。テストに合格するためには多くの情報②を覚える必要があるので、彼女は心配している。男性は彼女のメモを見て、彼女に③絵を描くよう助言した。最後に、男性は彼女の④記憶[理解，知識]をテストした。彼女はメモの取り方を理解した。

会話の内容を確認すると、マークは「ヘンリー8世は6回結婚した」という文を、絵と数字で表した。その絵と数字は、「♔H8♡6」のようなものだったと考えられる。

[スクリプト]

Mark: What's the matter?
Clare: I've got a history exam on Friday and I'm worried I'll fail it.
Mark: Why? You're brilliant at history.
Clare: It isn't difficult but I have to remember a lot of information. These are my notes from today.
Mark: Can I see?
Clare: Yes.
Mark: These aren't notes! This is a full text!
Clare: What do you mean?
Mark: You don't have to copy everything!

'Notes' are just a few words. You have to write the important words. You don't need to write the extra bits. Look. King Henry the Eighth was married six times.
Clare: That's important information.
Mark: But you don't need to write all of those words. You can draw little pictures too. Pictures can help you to remember things and then you don't need to write so many words. Look.
Clare: That's so good! The crown is for 'King' and the 'H' is for Henry. That's cool. Then the heart is love and a number six ... well that is ehm ... six.
Mark: Yes. So look at these notes. Let's test your memory.
Clare: King Henry the Eighth was married six times.
Mark: Exactly! Write notes like this, Clare. Then you won't have six pages of notes, you'll only have two or three!

[全訳]

マーク：どうしたんだい？
クレア：金曜日に歴史のテストがあって、落ちるのが心配なの。
マーク：なぜ？ 君は歴史が優秀じゃないか。
クレア：テストは難しくはないけど、覚える情報がたくさんあるの。これが今日の授業のメモよ。
マーク：見ていいかい？
クレア：ええ。
マーク：これはメモじゃない！ 全文だ！
クレア：どういう意味？
マーク：全部を書き写す必要はないんだ。「メモ」はほんの2，3の言葉だけでいい。大切な言葉を書かなくちゃ。余分なことを書く必要はないよ。見て。ヘンリー8世は6回結婚した。
クレア：それは大切な情報ね。
マーク：でも、その言葉を全部書く必要はない。小さな絵を描くこともできる。絵は記憶を助けてくれるから、そんなに多くの言葉を書く必要はないんだ。見て。
クレア：とてもいいわ！ 王冠が「王」で、'H' がヘンリーね。すてきだわ。それならハートは愛情で、数字の6は…ええと、6ね。
マーク：そうさ。だから、このメモを見て。君の記憶をテストしよう。
クレア：ヘンリー8世は6回結婚した。
マーク：そのとおり！ こんなふうにメモを書いてみ

て，クレア。そうすればメモは 6 ページも必要じゃなく，2，3 ページだけでいいよ！

語句

fail「（試験）に落ちる」
brilliant「素晴らしい，優秀な」
note「メモ，書いたもの」 full text「全文」
copy「〜を書き写す」 extra bits「余分な部分」
crown「王冠」 Exactly!「そのとおり」

3 ① events　② vacations
　　③ favorite
　　④ (some) interesting topics

解説「陽子のメモ」については，リサは school events（学校行事）を，タクヤは vacations（休暇）を，サトコは favorite subjects（一番好きな科目）を話題にしたいと考えている。なお，favorite は「大好きな，一番好きな」の意味であり，たとえば my favorite subject は the subject I like best とほぼ同じ意味になる。「質問に対する答え」は，「ブラウン先生はオーストラリアの生徒たちのために何をしたいと思っているか」という質問に答える。最後の 2 文を参考にして，「彼女は彼らのために生徒たちと一緒に（いくつかの）面白い話題を選びたいと思っている」という文を作ればよい。

スクリプト

今からブラウン先生が英語の授業で話したことと，それについての質問を放送します。「陽子のメモ」は，ブラウン先生の話の内容を陽子が書きとめたものです。放送を聞いて，「陽子のメモ」の①，②，③に適当な英語を 1 語で書き，④には「質問に対する答え」を英語 3 語以内で書きなさい。英文は 2 回放送します。では始めます。

Hello, everyone. As you know, we will have an online meeting with a high school in Australia next month. So, today, we will choose the topics. Now, I'll introduce three examples that some of you gave me during the last class. First, Lisa wants to talk about school events in each country. You know, in Japan, we have sports day, school festivals, and school trips. She wants to introduce some interesting school events in Japan and learn about school events in Australia.

Second, Takuya chose the topic about vacations. In Japan, we usually do our homework, do club activities, or enjoy traveling. He wants to know how students in Australia spend their vacations.

Third, Satoko wants to talk about the subjects that students like the most. For example, one of her friends in Australia loves drama class. Satoko wants to talk about the subjects that students in each school really like.

These three are all good examples. During the online meeting, I want the students in Australia to be interested in our topics. So, let's choose such topics.
質問します。
What does Ms. Brown want to do for the students in Australia?

全訳　こんにちは，皆さん。ご存じのとおり，来月にオーストラリアの高校とオンライン会議を行う予定です。そこで，本日はトピックを選びます。では，前回の授業で何人かが私にくれた 3 つの例を紹介します。最初に，リサは各国の学校行事について話したいそうです。ほら，日本では運動会，文化祭，修学旅行がありますよね。彼女はいくつかの面白い日本の学校行事を紹介し，オーストラリアの学校行事について学びたいそうです。

　2 番目に，タクヤは休暇についての話題を選びました。日本ではたいてい，宿題をしたり，クラブ活動をしたり，旅行を楽しんだりします。彼はオーストラリアの生徒が休暇をどのように過ごすかを知りたがっています。

　3 番目に，サトコは生徒が一番好きな科目について話したいと思っています。たとえば，彼女のオーストラリアの友人の 1 人は，演劇の授業が大好きです。サトコはそれぞれの学校の生徒が本当に好きな科目について話したいと思っています。

　これらの 3 つは，すべてよい例です。オンライン会議では，オーストラリアの生徒には私たちの話題に興味を持ってほしいと思います。だから，そのような話題を選びましょう。

⑦ 得点アップ

聞き取ったことのメモを完成する問題では，読み上げ文中に出てこない語が正解になるケースもある。たとえば③の favorite は読み上げ文中には出てこない。

4 Saturday

解説 完成した会話の意味は次のとおり。

ハンナ：こんにちは，メアリー。土曜日に私と一緒に買い物に行ける？

メアリー：あら，ごめんなさい。その日はタケルと映画を見に行くの。

スクリプト

Takeru: I'm going to see a movie this Friday. Do you want to come with me?

Mary: I'd like to, but I have a lot of things to do on Friday. How about the next day?

Takeru: The next day? That's OK for me.

全訳

タケル：今度の金曜日に映画を見に行くんだ。一緒に行かない？

メアリー：行きたいけど，金曜日はやることがたくさんあるの。その次の日はどう？

タケル：その次の日かい？　ぼくはそれでいいよ。

5

① **environment**
② **pollution**
③ **technologies** ④ **working**
⑤ **result** ⑥ **500,000**
⑦ **dangerous** ⑧ **28,000**
⑨ **move** ⑩ **damage**

解説 全訳を参照。

スクリプト Humans are working to clean up the ① environment on Earth, but there is also a lot of ② pollution around Earth — in outer space. In recent years, there has been a lot of development in space ③ technologies. More than 7,000 spacecrafts that orbit the Earth have been launched. Sometimes these spacecrafts stop ④ working, and sometimes they hit each other. As a ⑤ result, they become space debris. There may be about 20,000 pieces of debris larger than ten centimeters, and over ⑥ 500,000 larger than one centimeter. This kind of debris is very ⑦ dangerous for space development, because the debris is going around the Earth at about ⑧ 28,000

kilometers per hour. There is no air in space, so objects ⑨ move at very high speeds. If a one centimeter piece of debris were to hit a spacecraft, it would cause major ⑩ damage.

全訳 人類は地上では①環境の浄化に取り組んでいるが，地球のまわり，つまり宇宙空間にも多くの②汚染がある。近年，宇宙③技術の開発が盛んに行われてきた。地球を周回する7,000機以上の宇宙船が打ち上げられている。時にはこれらの宇宙船が④活動を停止したり，また，時にはお互いに衝突することもある。その⑤結果，それらはスペースデブリ(宇宙ゴミ)になる。10センチ以上のデブリは約２万個，１センチ以上のデブリは⑥50万個以上あるかもしれない。この種のデブリは，時速約⑧28,000キロで地球を回っているため，宇宙開発にとって非常に⑦危険である。宇宙には空気がないので，物体は非常に高速で⑨動く。もし１センチのデブリが宇宙船に衝突すれば，大きな⑩害を引き起こすだろう。

語句

clean up ～「～を浄化する」 pollution「汚染」
outer space「宇宙空間」
in recent years「近年では」
development「開発」 technology「科学技術」
spacecraft「宇宙船」 orbit「～を周回する」
launch「～を打ち上げる」 per「～につき」
object「物体」 at high speed(s)「高速で」
major「大きな」 damage「(損)害」